経営者のための経済学史

経済学の本質を理解して、
経営判断に活かす

株式会社プラネット
代表取締役会長
玉生 弘昌・著

発行：ダイヤモンド・ビジネス企画　発売：ダイヤモンド社

まえがき

大学を卒業して、普通のサラリーマンになったのですが、幸いに良い機会を得て、40歳ごろから、いくつかの会社の設立と経営に携わるようになりました。

そうすると、出資者を説得したり、弁護士に会ったり、税務申告をしたり、霞が関に赴いて説明をしたり、普通のサラリーマンでは経験できない社外の荒波にさらされるようになりました。つらいこともあったのですが、評価されることもあって、郵政省と通産省の委員に任命されたこともあります。そうなると、社会の動きを理解できるようになり、大学で習った経済学とは違った世界が見えるようになりました。

社会人になって最初のボーナスを手にした時には、株に投資しました。株式投資では、なるべく損をしないように経済の動きに関心を持ち、多くの本を読みました。元々本好きでしたから、今までに1万冊以上の本を手に取っていると思います。その内の160冊ほどの書評を書いていてネットにアップしていますので、ご覧いただきたいと思います（〝会長の読書〟でクリックすると出てきます）。

多少の本を読んでも、経済社会の全体像をつかむことはなかなかできません。どの本も特定の思想を背景にした本だったり、自説の主張だったり、狭い専門分野の説明だっ

会長の読書はこちらをご覧ください。

https://www.planet-van.co.jp/shiru/chairman_library

たり、節穴から覗くようでした。しかし、たくさん読むうちに節穴が増えて、何となく全体像が見えてきました。

半世紀以上の読書と経験で分かったことをご披露して、皆様のお役に立ちたいと思います。


人類が経済的な大発展をしたのは、やはり産業革命です。封建的な領主が経済的な活動を自由に任せるようになったことが引き金となっています。その引き金は、フランソワ・ケネーが唱えた「レッセフェール・レッセパッセ（自由放任）」でした。続いて、ケネーに触発されたアダムスミスが「国富論」を著し、自由放任が国富を増やすと論じたのです。

自由を得た人々は、活発に活動を始め、得た利益の所有も自由であるため、富の蓄積が進み、資本が大きくなり、産業の規模が拡大するようになりました。そして、工業化が進み、そこに機械が導入され始めます。そしてさらに、機械の改良改善が進み、一層発展しました。

ところが、自由経済で大発展した自由主義経済社会も問題が出てきました、それは、大きな景気変動が起こってしまうということです。そして、１９３０年ごろに世界大恐慌がおこり、多くの失業者が街にあふれるようになったのです。これを収束するべく、ケンブリッジ大学のジョン・メイナード・ケインズが、アメリカ民主党の大統領ルーズベルトに献策して、政府が資金を出して事業をするという財政投融資政策を進めました。失業者を雇用するなど、成果があったのですが、これに大反発する人たちがいました。それは、シカゴ学派の経済学者たちでした。

このケインズの登場から、経済学者たちの大論争が始まったのです。ケインズの政府が資金を出して景気刺激をするという政策と、シカゴ学派のあくまで自由市場の原理に任せて政府は金利の調整など金融による景気刺激をするべきだというマネタリズム政策が対立を始めたのです。前者はアメリカの民主党によって採用され、後者は共和党によって用いられました。

ケインズ経済学は民主党と、シカゴ学派のマネタリズムは共和党と結びついて、論争が行われていることを理解しないと、現在の経済学の流れを理解できません。巻末に、経済的な出来事とアメリカの大統領を年表にまとめましたので、参照してください。

マスコミの報道も、冷静に受け止めないと、惑わされます。

２０２４年になって、円安が進み、１６０円／ドルほどになりましたが、これをマスコミは「歴史的円安」と盛んに報道していました。為替相場の歴史を見れば、これが歴史的と言うほどのモノではないことが分かるはずです。戦争で荒廃した１９５０年ごろは３６０円／ドルでしたが、その後、東京オリンピックなどを経て国力が回復し、

300円/ドルになり、さらに戦後三十数年で260円/ドルにまで円高になったのです。1980年ごろには、日本のものつくりの本領が発揮され、自動車を始め多くの製品の輸出が増え日本の貿易黒字が大きな問題になったため、アメリカやイギリスなど5か国の蔵相によるプラザ合意が行われ、円は一気に130円/ドルまでの円高にされたのです。それどころか2012年には一時79円にまで円高になったのです。これは「歴史的」と言っていい水準ですが、150~160円/ドルほどの水準は、歴史的であるはずはありません。

アベノミクスの時にも、日本の経済政策もケインズ流からマネタリズムにいよいよ変わるものと、世界が理解して、外資の流入が進み、株価が一気に8000円が16000円に上がりました。その株価が14000円に一時的に下がった時に、「アベノミクス早くも破綻」と新聞の一面に載りました。株と言うものは、大きく上昇した時には、必ず利益確定のために売られますので、一時的に下がるモノなのです。なぜ、破綻と大々的に報道するのか理解できませんでした。

こうしたマスコミ報道を毎日見せられている国民は大局を見誤ってしまいます。

経済学者の唱えていることも、100%合っているわけではありません。

例えば、アーサー・ピグー(1877~1959)というイギリスの学者は「物価下落は現金預金などの資産価値を高め、その結果、貯蓄を減少させ消費を増加させる」と述べ、それが「ピグー効果」と言われています。簡単に言うと「デフレにおいては貯金の価値が高まるのだから、貯金を下ろして使うに違いない」とピグーは言っているのですが、どうでしょう？　日本人は長いデフレの間、貯金を取り崩さないどころか、節約を続けて逆に貯蓄を増やしたのです。しかも、コロナのパンデミックの時期にも、日本の家計は貯蓄を一層増やし、実にGDPの3倍以上の2000兆円も貯め込んだのです。「ピグー効果」は、少なくとも日本には当てはまらないと言わざるをえません。ピグーはケンブリッジ学派のアルフレッド・マーシャル（1842～1924）の後継者といわれた評価の高い学者です。

日本の経済学者が大好きだったケインズ理論についても、戦後の日本経済の発展に絶大な効果をもたらしたのですが、円高が始まったら、効果が激減してしまいました。

現代社会で、大きな問題となっている貧富の格差について、クズネッツと言う学者は経済発展の初期段階では所得不平等が拡大するが、経済発展の後期では成長によって格差が縮小すると論じ、「クズネッツ曲線」という逆Uの字曲線を提示しています。しかし、必ずしもそのようにならず、むしろ拡大が続いているように見えます。

また、ケンブリッジ大学のマーシャルは「マーシャル・クロス」という需要と供給のグラフを描き、市場における価格決定のメカニズムを数学的に説明し、近代経済学の基礎を築いた学者です。マーシャルはケインズを初め多くの優秀な学者を育てています。

しかし、この有名な「マーシャル・クロス」でさえも100％当てはまるわけではないのです。説明できない経済現象があるのですが、それは、本書の後半で論証します。

そして、後半で経済学をどの程度信じていいか、まとめてみました。そして、皆様方のお仕事に役立てていただきたいと思います。

二〇二四年一〇月　玉生　弘昌

目次

第三章　日本の経済学……63

第八章　資本主義批判

第一章

自由主義経済の流れ・・・欧米の経済学・・・

経済学の元祖はケネー!?

経済学の元祖は、アダム・スミス（1723〜1790）だといわれています。しかし、アダム・スミス以前にフランソワ・ケネー（1694〜1774）によって「経済表」が考案されています。フランスのブルボン王朝の宮廷医師であったケネーは、血液が循環するように経済も循環すると考え、「ケネーの経済表」を作成しました。初めて経済を論理的に捉えようとした試みであるため、経済学の元祖はフランソワ・ケネーだという人も多いようです。

当時は、大航海時代の後、植民地獲得競争が盛んとなり、交易による利益を重視する重商主義が主流でした。重商主義は宮廷に金銀財宝を積み上げることに熱心だったのですが、これでは民衆は豊かになりません。ケネーは農産物こそが国の豊かさをもたらすものであると考え、重農主義を唱えました。

そして、ケネーは農産物をより多く生産するには農業活動を自由に任せることこそ重要であると主張しました。「レッセフェール・レッセパッセ（自由放任）」というケネーの言葉は有名です。

フランソワ・ケネー
François_Quesnay
フランスの経済学者。宮廷医師をしていたが、50代になって経済学の研究を志した。「経済表」を考案、重農主義経済学の祖と仰がれた。（1694年6月4日生まれ、1774年12月16日死去）

アダム・スミスの〝見えざる手〟

イギリスの倫理学の哲学者アダム・スミスが、フランスに渡った際にケネーに会い、感銘を受けて、国の富とは何かについて思索を巡らして『国富論』を著しました。『国富論』は経済学の原点といわれていますが、スミスの出発点は哲学でした。スミスはケネーに啓発されて経済理論を組み立て『国富論』を著したのです。この本にはケネーの「レッセフェール・レッセパッセ」が引用されています。そのため、「レッセフェール・レッセパッセ」はスミスの言葉だと誤解している人がいるようです。

哲学者であったスミスは『国富論』の7年前に『道徳感情論』という本を著しています。この本は実に気持ちのいい本です。「人が幸せな姿を見ると、心地よい感情が生まれる」と述べられています。スミスが、何を考えていた人であるかがよくわかる本ですが、経済学の大学教授でも読んだ人は少ないのではないでしょうか。

私もこの本を買って読もうと思ったことはなかったのですが、経済同友会で、本書を翻訳した翻訳家の村井章子さんの講演を聴き、アダム・スミスがいかに好人物であったかを知ったため、読む気になったのです。実は、村井さんの講演の後「この本を欲しい人はいますか」との問い掛けに、私は真っ先に手を挙げ、この本を手に入れました。

アダムスミス
AdamSmith
イギリスの経済学者。主な著書に「国富論」があり、経済学の父と呼ばれた。（1723年6月5日生まれ、1790年7月17日死去）

スミスは、ケネーに会って、人間の本性についての考え方に共感するものがあったのでしょう。そして、人間に自由を与えて経済活動を任せると、生産が増えるというケネーに触発されて、自由主義の源となる『国富論』を著したのです。

スミスは、人間は生来善良で社会性があると考えていました。したがって、良識を持った人々が合理的な行動をして取引をすると、自然と均衡し数量と価格が決まると考えました。いわゆる〝見えざる手〟が働くと唱えたのです。

スミスによって一歩前進した自由主義

自由という点では、スミスはケネーと同じようですが、ケネーは農業の生産活動を自由にするべきといったのに対してスミスは市場の取引活動を自由に任せるのがいいといったのです。より広い概念となりました。つまり、スミスが自由主義を大きく前進させたのは間違いありません。

生産の自由・所有の自由・取引の自由を認め、経済活動全体を国民の自由に任せると経済は活性化するのです。そして、人々は自由な環境の中で自分の利益を増やしたいという欲が経済の推進力になっているのです。

夜警国家論「国家は経済に一切の口出しをするべきではない」

ケネーとスミスの考え方が受け入れられたフランスとイギリスとアメリカ、及び一部の西ヨーロッパでは、経済活動を自由に任せることによって、経済が活性化して国富が増えました。当時、国は治安維持と防衛だけをし、経済に関しては何もしないという「夜警国家」という国家観が広がっていました。

ただし、「夜警国家」という言葉は、富裕層の財産を守ることばかりして何もしない国家を批判する言葉だったのですが、国は経済を国民の自由に任せ、国民の安全を守ることに集中すべきという国家観を理解するには、わかりやすい言い方だったと思います。今日的に言えば、「小さな政府」でしょうか。

そして、封建時代の束縛が多かった国民に自由な経済活動を容認するという自由放任主義は経済の大発展をもたらしました。

実験経済学　自由を束縛すると経済は停滞する

経済活動に何らかの制約が加わると停滞します。

京都大学の実験経済学教室で、学生たちに、製造業・流通業・消費者の役割を定めて自由に製造・取引・販売活動をさせるという経済実験を試みました。そこに、役人の役割をする学生を入れて、検査や許認可を始めると、途端に活動が低下するようになったということです。循環のスピードが低下するのは当然ですが、意欲をなくすようになるということです。

為政者のご指導は、現場を混乱させる

かつて、北朝鮮の金日成《キムイルソン》が農村を視察した際に、稲の植え付け幅を見て、「もっと間隔を狭めてより多くの稲を植えれば面積当たりの収穫量が増える」と〝指導〟したところ、ほとんどの稲が生育不良になり、収穫量が激減してしまったということがありました。農民は学問がなく遅れているように思っていたのでしょうが、現場の農民のほうが多くの知恵を持っているのです。したがって、現場の自由に任せるということは重要なことなのです。

やはり、自由に任せると、自分の収入を増やすために、人々は創意工夫を凝らし、懸命に働き、生産量を増やす努力をするようになるのです。

人類の大発展・産業革命

人類史上画期的な経済発展は、何といっても産業革命です。

産業革命が起こった背景には自由主義経済があったのですが、産業革命前夜にいくつかの革新と社会の変化がありました。

産業革命前夜：コークスによる製鉄

産業革命以前の18世紀初めに、イギリスのエイブラハム・ダービー親子によって、コークスが製鉄に用いられるようになりました。コークスによって不純物の少ない加工しやすい鉄を大量に製造できるようになったのです。

特に、大砲の製造では、不純物の少ない鉄には重要な意味がありました。従来の大砲に比べて砲身の肉厚を薄くできるようになり、軽量になったのです。その結果、船に何門もの大砲を載せられるようになりました。これによって、産業革命を果たした国は多くの大砲を積んだ軍艦を保有することになったのです。1853年に来航したペリーの黒船4隻にはそれぞれ10門以上の大砲が積まれていました。ちなみに、1615年の大

青銅製の大砲

鉄製の大砲

坂夏の陣で大坂城の天守閣を突き崩した徳川家康の大砲は2門だったということです。

16世紀から17世紀の大航海時代は、帆船と銃で植民地獲得競争を繰り広げていたのですが、19世紀になると強力な蒸気船と大砲によって、欧米諸国は植民地経営を強化したのです。

産業革命前夜：農業革命とエンクロージャー

18世紀に、イギリスで「エンクロージャー（囲い込み運動）」が起こり、大地主が土地の境界に塀を巡らし、輪作や肥料などの新たな農業技術を用いて大農経営が始まりました。また、農民たちも土地の合理的な利用に目覚めて、共同で塀を巡らすこともあったということです。こうした改革によって、食糧の生産性が大幅に上がり、いわゆる農業革命が進み、食糧が豊富になりました。

またもう一つ、イギリスでは羊毛による繊維産業が盛んだったため、貴族や地主はより多くの羊を飼うために牧草地を広げようと思うようになり、土地の囲い込みを始めました。つまり、農業技術の進歩による大規模農業が進んだことと、羊をより多く飼育するための囲い込みもありました。こうした農業革命による食糧の増産と羊毛の増産は、その後の産業革命の背景となりました。

さらに、囲い込みによって締め出された農民が後に都市労働者となり、産業革命を担うことになったのです。

飛躍的に進歩した繊維産業

多くの羊毛が供給されるようになり、大規模化するに従い、紡績機で糸を紡ぎ、それを機織り機にかけて布にするという一連の製造工程で次々と発明と改良が行われました。紡績ではリチャード・アークライトによる水力紡績機が発明され、機織りでは、ジョン・ケイの飛び杼《ひ》、エドモンド・カートライトによって蒸気機関による力織機《りきしょっき》が開発されました。

羊の毛を紡いで糸にし、それを織り機にかけて布にするという技術が進む中で、植民地から綿花がもたらされ、安く手軽な綿織物を大量に生産できるようになりました。19世紀初頭には、毛織物より綿織物の生産量が上回るようになったのです。

これらの革新によって大量の繊維製品が生み出され、それが消費地に輸出されました。温暖なインドなどのイギリスの植民地に毛織物は売れなかったのですが、綿織物になってからは大量に輸出できるようになりました。

産業革命時代の工場

人類史上、もっとも生産性が上がったのは繊維製品

人類史上、繊維製品ほど生産性が上がったものはありません。原始的な手作業だと、手ぬぐいほどの布を作るのに1週間もかかっていたのが、自動紡績機と自動織り機によって極めて短時間でできるようになりました。

余談になりますが、日本の島精機製作所のホールガーメントというマシンは、1本の糸をセットし稼働させると、わずかの時間でワンピースを完成させます。ワンピースのような複雑な衣類は、袖や襟など多くの部品を縫い付けて作るのですが、島精機のホールガーメントは両袖、襟、胴回り、裾を1本の糸で縫い上げるのです。驚異的な自動化マシンです。もともと、日本の自動編み機は優秀でした。特に、安価な靴下編み機は世界各国に普及して、世界中の靴下の価格を大幅に低下させたのです。

産業革命で交通革命も起こった

繊維のことはこのくらいにして、もう一つの改革は交通革命です。蒸気機関の発明によって蒸気機関車が開発され、続いて蒸気船が造られました。特に、蒸気船の発明は世

靴下編み機

界規模での交易を盛んにし、植民地経営を一層進めることになりました。中でもイギリスは植民地を世界中に広め、陽の沈まない帝国と言われるまでになったのです。

なお、帝国とは多くの植民地や属国を従えた宗主国のことで、こうした体制を推し進めようとすることを帝国主義といいます。後述しますが、日本もアジアに植民地や属国を作り出して大日本帝国を構築しようとしました。

国家間格差を作り出した産業革命と植民地

さて、産業革命は人類史上画期的な大進歩だったのですが、それは一部の国で起こった大変化で、これに取り残された多くの国がありました。したがって、産業革命とは地球規模の大格差の始まり！　とも言える出来事だったのです。

人類の30万年の歴史の中で、わずか数十年での長足の進歩をした国及び人種が大きな優位性を獲得し、その差は今日でも残っていると言ってもいいと思います。

産業革命を実現させたのは、西ヨーロッパとアメリカの白人のアングロサクソンでキリスト教徒です。彼らは、植民地を経営して支配的な立場となり、産業革命で獲得した技術と経済力でその地位を今でも維持しています。

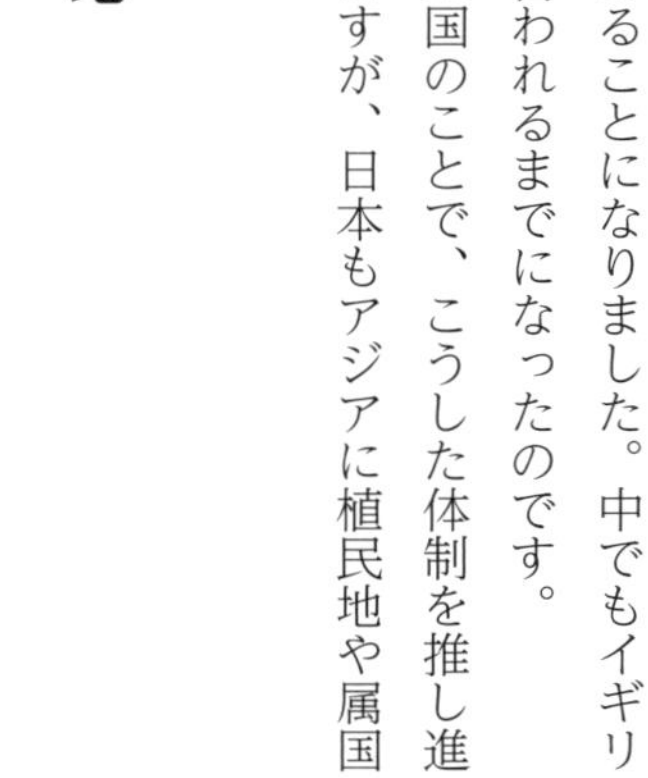

フルトンが開発した蒸気船
クレルモント・ロバート・フルトンの最初の汽船は、ニューヨークからアルバニーへの初の航海を始め、1807年8月17日から18日までの平均速度で32時間で上流150マイルを航海した。

リカードの「比較優位論」は国家間格差を固定化した

イギリスの経済学者デヴィッド・リカード（1772〜1823）は、国と国との貿易は双方に利益をもたらすと唱えました。自動車を造れる国は自動車を輸出し、サトウキビを上手に作れる国は砂糖を輸出すれば双方にメリットがあるという考えです。「リカードの比較優位論」と言われる理論です。「比較優位論」は、2つの国がある製品を生産する場合、どちらに優位性があるかをマトリクスを用いて比較する論理で、少々複雑なのでここでは省略します。

要は、それぞれ国が得意の製品を生産し相互に輸出入すれば、互いにメリットがあるという説明です。確かにその通りでしょうが、時間の経過を加えてみると、必ずしもそうとはなりません。

サトウキビを生産している国は自動車を造れないのですから、自動車の普及率が低く、もっとたくさん自動車を欲しいと思っています。そのためには、サトウキビを増産して代金を受け取り、その代金で自動車を輸入しようと考えます。自動車1台買うために、サトウキビ畑を何ヘクタール新規開拓しなければならないのでしょうか。

デヴィッド・リカード
David Ricardo
イギリスの経済学者。自由貿易を擁護する理論を唱え、近代経済学の創始者として評価された。（1772年4月18／19日生まれ、1823年9月11日死去）

一方の自動車を造っている国は、砂糖をもっとたくさん欲しいとは思っていません。となると、サトウキビの輸出は増えず価格は上がりません。欲しいだけの自動車を買えるようにはなかなかなれません。

つまり、昔ながらのモノしか作れない国と、今までにない革新的なモノを生産できる国との格差はなくならないのです。自動車ばかりではありません。飛行機、テレビ、エアコン、ケータイ、ドローン、ロボット、人工衛星、AIなど、次々と革新的なモノが登場しています。つまり、リカード流の貿易論を信奉していたのでは、発展途上国はいつまでたっても追い付けません。

経済学はイギリスに都合よくできている？

フリードリヒ・リスト（1789～1846）というドイツの経済学者は、「スミスやリカードの経済学はイギリスに都合の良い経済学だ」と批判しています。産業革命で一歩先んじていたイギリスからの輸入が増えていたドイツは国内産業保護のために保護貿易が必要だと、リストは訴えていました。

自由主義経済では景気変動が起こる

自由主義経済では大きな景気変動が起こります。

自由主義経済国は産業革命で大発展をしたわけですが、工場での大量生産が新たな問題を生み出しました。それは工場での見込み生産です。つまり、注文があってから生産するのではなく、売れる見込みで生産をするため、作り過ぎが起こります。そうなると過剰在庫となり、生産抑制、工場閉鎖、解雇に繋がり、不況となります。

そして、在庫がなくなり生産が始まると、今度は好況となります。こうした、不況と好況の波が繰り返されるようになりました。

世界大恐慌とケインズ

産業革命から百数十年後に世界的規模の大きな不況、すなわち世界大恐慌（The Great Depression １９２９年）が起こったのです。街に失業者が溢れ、株価も暴落しました。

大恐慌の最中に、イギリスのケンブリッジ大学のジョン・メイナード・ケインズ

（1883〜1946）が民主党のフランクリン・ルーズベルト大統領に経済政策の提言をしました。その提言はニューヨーク・タイムズに掲載され、人々の期待も高まったということです。ルーズベルト大統領は、ケインズの提言を受け入れ民主党の政策として、政府が資金を出して事業を始めて失業者を雇い入れるという「ニューディール政策」を行いました。

非自発的失業

大恐慌時代には、失業率が15％にも達し、「非自発的失業」という言葉が生まれました。実は、1900年頃までは、失業とは労働者の怠慢あるいは病気によるものと考えられていたのです。これに対して、労働者の意に反して職を失うことがあるのだということを認めた論理です。「非自発的失業」という言葉はケインズが言いだしたことと思われているのですが、実は、前出のケンブリッジ大学のアーサー・ピグーが唱えたことです。

フーバーダム

余談ですが、ニューディール政策の一つとして建設された有名なフーバーダムに行っ

ジョン・メイナード・ケインズ
イギリスの経済学者。20世紀を代表する経済学者で、世界に大きな影響を与えた。（1883年6月5日生まれ、1946年4月21日死去）

たことがあります。ラスベガスから車で1時間余りの所にあります。見た目では、日本の佐久間ダムや黒部ダムとそれほど大きさが違うようには思えませんでしたが、貯水量はかなり巨大です。せき止めた渓谷の深さと長さが大きいからです。ダムの上流はグランドキャニオンです。このフーバーダムの大量の水によって、砂漠の中の小さな街であったラスベガスが大都会に発展したのです。

なお、フーバーダムは太平洋にそそぐコロラド川に造られていますが、ニューディール政策で進められたダム建設の大半はテネシー川（ミシシッピ川と合流しメキシコ湾にそそぐ）流域に造られて、アメリカ南部の農業の発展をもたらしました。

これはすごい「乗数理論」

ケインズは、政府が投資するとその投資が次々と波及し、国全体に広がり、国民全体の所得の増加をもたらすと論じました。これを「乗数理論」といいます。100の投資は、それを受け取った企業が10を留保し、次の企業に90を支払います。次の企業は次の次の企業に81を支払う、というように少しずつ減衰するものの、各企業が次々と売上を増やし、社会全体で経済が拡大します。つまり、投資が乗数的に波及するという理論です。

ケインズの「乗数理論」といわれていますが、実は「乗数理論」もリチャード・カー

フーバーダム
アメリカ合衆国の多目的ダムで1931年に着工し、1936年に完成。アリゾナ州とネバダ州の州境に位置するコロラド川のブラック峡谷（ブラックキャニオン）にある。

ン（１９０５～１９８９）というケンブリッジ大学におけるケインズの同僚が考案したものです。「非自発的失業」という言葉もケインズが言い始めたと思われているのですが、実はアーサー・ピグーが唱えたものと先に記しました。このカーンもピグーもケインズも、ケンブリッジ大学のアルフレッド・マーシャル（１８４２～１９２４）の弟子筋になり、３人とも新古典派といわれている人たちです。

乗数理論

$S=a+ar+ar^2+ar^3+ar^4+\cdots+ar^{n-1}+\cdots\cdots$

この数式を変換すると　$S=a \div (1-r)$ という式になる。

S：国民所得の増加分　a：投資金額　r：消費性向

ａ億円の投資があったら、それを受託した1番目の会社の収入がａ円増え、1番目の会社がａのｒ％を2番目の会社に注文を出し支払うと2番目の会社の収入がar増加します。さらに2番目の会社がａのr^2％を3番目の会社に支払うと3番目の会社の収入がａのr^2％増加します。と、次々と波及して、国全体の所得を増やすことになります。

例えば、ａを１００億円、ｒを90％とすると、国民所得は１０００億円に増えるのです。

１００億円の投資は消費性向（ｒ）が90％の場合、国全体で１０００億円の国民所得の

乗数理論

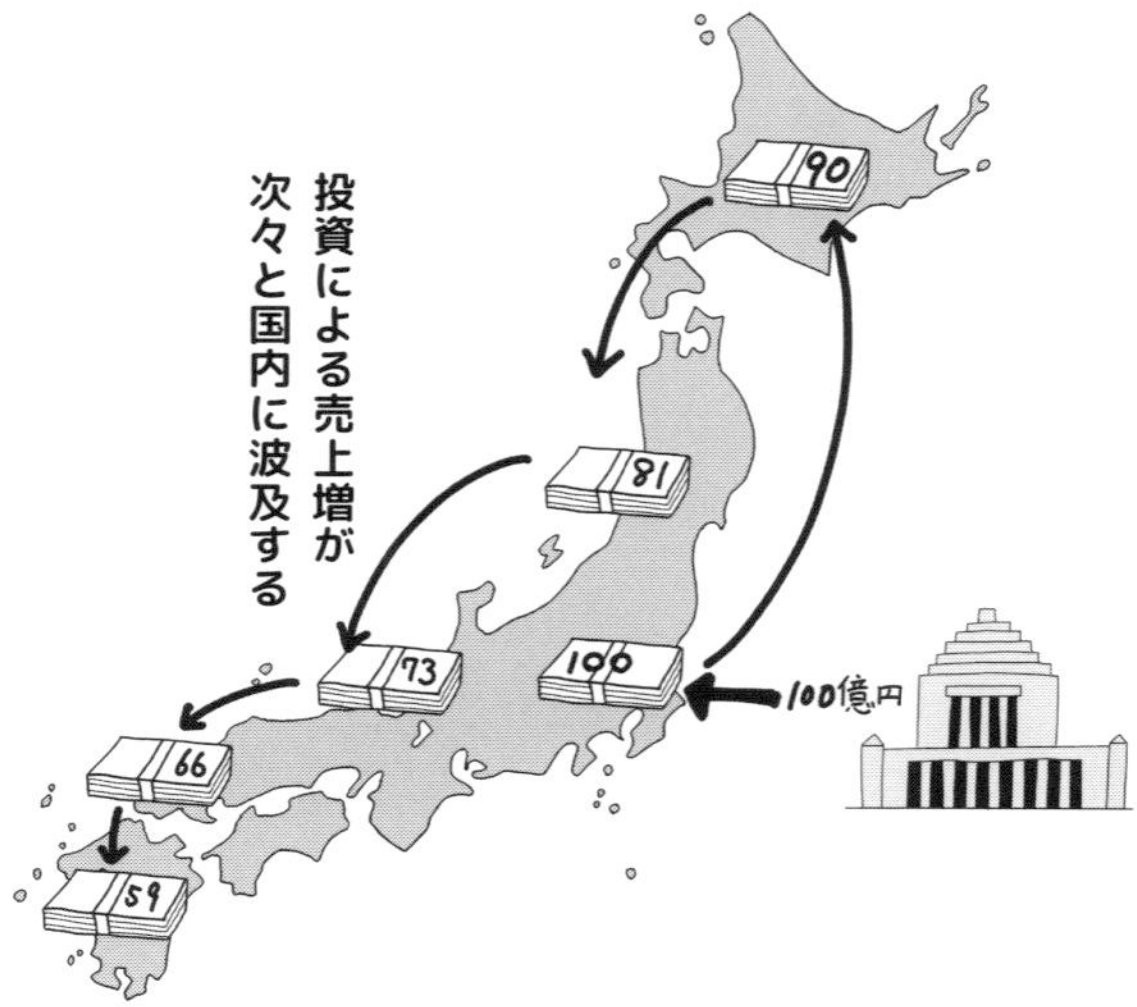

増加をもたらすというわけです。

政府であれ民間であれ投資が行われれば、国民所得の増加が起こるわけですが、不況の時は民間が投資を行わなくなるため、政府が投資をして国民所得の増加を図ろうというのがケインズの提案だったのです。

100億円投じれば1000億円の国民所得の増加があるというのですから、すごいことです。しかも、増えた国民所得に課税すれば、投資額は取り戻せるのです。

消費は美徳

1950年頃、アメリカで「消

費は美徳」と言われていました。それは、企業や消費者が、手元にため込まずに、得た所得をより多く消費すると、乗数理論によって、国全体の国民所得がより多く増えるからです。

r（消費性向）が90％ということであれば、得た収入のうち90％を消費（支出）する場合、逆に言えば10％を貯蓄する場合、国全体の国民所得の増分は投資額の10倍になるわけです。さらにrを99％、つまり1％しか貯蓄をしない社会であれば増分は投資額の100倍になります。そのため、企業には内部留保をなるべく少なく、消費者にはなるべく貯蓄を少なくしてほしいというわけです。そうすれば、国民所得が増え、税収も増えるというわけです。

しかし、「節約こそ美徳」と思っていた昭和の日本人には、奇妙な理屈と思われていました。

大圧縮の時代

民主党のルーズベルト大統領以降、ジョン・F・ケネディ大統領などによる民主党優勢の時代が約50年続きました。その間、民主党は支持基盤である労働組合の育成に力を入れた結果、分厚い中間層が形成され、アメリカの国力は最高潮を迎えたのです。

格差の少ないこの時代をThe Great Depression（大恐慌）をもじってThe Great Compression（大圧縮）の時代といわれています。

この豊かな時代のアメリカは、寛容で世界からの信頼が厚く、世界の警察官ともいわれていました。

シカゴ学派がケインズに大反発

ケインズの政策が民主党によって採用され、うまくいったと思われるのですが、これに猛反発する人たちがいました。シカゴ大学の経済学者たちです。シカゴ学派の人たちは、ケインズ政策は自由市場に対する政府の介入であると強く批判し、大恐慌が収まったのはケインズによるものではなく、第二次大戦が始まったからだと論じ、「ケインズは死んだ」とまで言いだしました。

シカゴ学派の初期の中心的学者であったフリードリヒ・ハイエク（1899〜1992）は水も空気も自由市場に任せるべきであると述べるなど、いわゆる市場原理主義者です。

ただし、ハイエクの晩年は、経済学よりも哲学的な思索を深め、アメリカの良識派として高く評価されています。ハイエクの同僚だったフランク・ナイト（1885〜

フリードリヒ・ハイエク
Picture of Friedrich August von Hayek
オーストリアの経済学者。オーストリア学派の代表的学者の一人。1974年ノーベル経済学賞受賞。（1899年5月8日生まれ、1992年3月23日死去）

1972）は哲学から経済学に転じた人ですが、「日本に原爆を投下したのは間違いだった」と発言しています。つまり、かつてのシカゴ学派は古き良きアメリカを象徴するような存在だったのです。

ところが、イギリスのケインズに反発するようになってから、シカゴ学派は変わり始めたようです。シカゴ大学の経済学者たちは政府の財政による投資で需要喚起するのは自由市場に対する政府の介入であり、やるべきではない、政府がやるべきは金利操作などの金融政策のみであるという、いわゆるマネタリズムを唱え始め、「インフレとは貨幣の現象である」と述べています。

マネタリズムとは

マネタリズムは、政府が経済政策としてやるべきは貨幣の量をコントロールする金融政策だけであるべきだという理論です。政府が直接投資をする財政投融資は自由市場をゆがめることになるため、やるべきではないという市場原理主義に基づいています。

経済の規模が大きくなると、財政投融資よりも民間投資を促す金融政策のほうが効果が大きくなると考えることもできます。例えば、民間投資が50兆円のところに財政投融資を10兆円すれば、活性化効果が大きいと考えられますが、経済の規模が大きくなり、民間投資が100兆円のところに財政投融資を10兆円しても効果は限定的です。それよりも金利を下げて民間投資を10%（10兆円）増やすことができれば、そのほうが効果があるというわけです。

アメリカでは、企業による設備投資だけではなく家計による住宅投資と自動車ローンが金利に敏感に反応しますので、比較的に即効性があります。

また、財政投融資は政府がお金を出すわけですから、国庫の赤字が増えますが、マネタリズム政策は金利の操作が中心ですから、コストがかかりません。

ただし、問題は貧富の格差が広がってしまうことです。マネタリズム政策は金融を緩めるわけですから、金融業界がまず先に活性化し、富裕層をますます有利にしますので、格差はさらに広がってしまいます。

こうしたシカゴ学派による主張が新自由主義（neo-liberalism）なのです。新自由主義は、ケインズに対抗するために、さらに共和党に売り込むために、無理やり理論を作り上げたようにも見えます。特に、ミルトン・フリードマン（1912~2006）が政策プロモーターとなり、共和党に売り込むようになってから、変わってしまったようです。

ミルトン・フリードマン
Portrait of Milton Friedman
アメリカの経済学者。1976年ノーベル経済学賞受賞。（1912年7月31日生まれ、2006年11月16日死去）

新自由主義（neo-liberalism）を受け入れた共和党

大恐慌から半世紀後、革新派の民主党から政権を奪還した保守派の共和党のロナルド・レーガン大統領がこの新自由主義（neo-liberalism）を取り入れ、「規制緩和、民営化、金融自由化、減税」といういわゆる「小さな政府」政策を展開しました。耳当たりのいい大衆迎合的なスローガンで支持を得たのですが、減税とは企業の減税で大衆の減税ではありませんでした。

また、レーガン大統領は格差の固定化に繋がる相続税減税法案を制定しました。格差拡大に繋がるという批判に対して、レーガン大統領は、富裕層が豊かになれば、その富が「トリクルダウンする（したたり落ちる）」と説明しました。つまり、格差が拡大することを認識していたのです。

また、イギリスのマーガレット・サッチャー首相もビッグバンと称して新自由主義政策を展開しました。レーガン大統領とサッチャー首相に新自由主義を売り込んだのは、シカゴ学派の中心人物ミルトン・フリードマンです。さらに、「シカゴボーイズ」と呼ばれたシカゴ学派の学者たちが、世界各国に新自由主義(neo-liberalism)を広めました。

シカゴ学派は、ハイエクやナイトの頃は良識的で穏健だったのですが、フリードマン

ロナルド・レーガン
Official portrait photograph of Ronald Reagan, 1981
アメリカの第40代大統領（共和党）を2期8年務めた。映画俳優から政界に転じた。（1911年2月6日生まれ、2004年6月5日死去）

の頃になると、政策プロモーターとしての活発化が目立ち始めます。

念のため new-liberalism と neo-liberalism

シカゴ学派の唱えている市場原理主義的な自由主義を新自由主義（neo-liberalism）というわけですが、それ以前に、ケネーとスミスの自由主義の不具合を少し修正しなければならないとする新自由主義（new-liberalism）がありました。自由市場で寡占化や独占が起こるのを制限する独占禁止法が必要などというケンブリッジ大学などで論じられていた議論ですが、今日では当たり前になっていますので、新自由主義（new-liberalism）とは言わず、新古典派と言われることが多くなっています。

new と neo の違いで、日本語では両方とも新自由主義というため、紛らわしいのですが、今日、新自由主義といえばシカゴ学派の（neo-liberalism）のことを指します。本書でも、新自由主義といった場合、シカゴ学派の（neo-liberalism）を意味します。

経済学者たちの夢

経済学者たちの夢は、時の政府に自説に基づいた経済政策をしてもらうことです。フリードマンは、共和党に売り込むためにあらゆる手を使ったようです。フリードマンはベトナムに原爆を使うべきと言ったと伝わっています。フリードマンは、猛烈に多弁、いわゆる面倒くさい人物だったようです。

シカゴ大学で同僚だった宇沢弘文（１９２８～２０１４）は、このフリードマンに愛想を尽かして日本に帰ってきたということです。宇沢は文化勲章（１９９７年）を受章していて、ノーベル経済学賞にもっとも近い日本人といわれていました。宇沢自身はフリードマンの人格について公の発言はしていないようですが、周辺の人たちには多くを語っていました。宇沢の薫陶を受けた人たちの本を読むと、フリードマンがあらゆる理屈を連ねて自説を押し通す強引さを持った人物であることが、垣間見られます。

宇沢弘文（うざわ ひろふみ）
日本学士院物故会員、帰属：日本学士院ホームページより
日本の経済学者。東京大学理学部数学科を卒業。シカゴ大学経済学部教授、東京大学名誉教授などを務めた。（１９２８年7月21日生まれ、２０１４年9月18日死去）

何でも自由に任せるべきというワシントンコンセンサス

共和党のレーガン大統領から同じく共和党のジョージ・Ｈ・Ｗ・ブッシュ大統領になった時に、世界銀行、ＩＭＦ（国際通貨基金）、アメリカ財務省によって、新自由主義の政策「規制緩和、民営化、金融自由化、減税、貿易自由化」についての合意、いわゆる「ワシントンコンセンサス」が形成されました。これがグローバルスタンダードであると、各国に同様の政策をとることを求め始めました。

要するに、アメリカのように何でも自由にするべきだという主張です。これを順守しないと、世界銀行やＩＭＦが融資をしてくれないというのだから強力でした。さらに、1991年の共産主義国ソビエト連邦の崩壊によって、自由主義が正しかったという認識が追い風になっていました。

新自由主義こそ正しい経済学であると信じ込んだシカゴ大学系の経済学者たちは、世界で論陣を張り、新自由主義を広め始めました。彼らは「シカゴボーイズ」と呼ばれていました。

グローバルスタンダードを広めたシカゴボーイズ

しかし、新自由主義は発展途上国には不適切な政策だったのです。「規制緩和、民営化、減税、金融自由化、為替の自由化、関税撤廃、貿易自由化」などを行うと、外国資本に負けてしまいます。また、その国の通貨が国際的に魅力のない通貨であると、通貨安を招き、国際的な調達力が低下してしまいます。

発展途上国こそ、ケインズ的な公共投資による鉄道や道路やダムなどのインフラストラクチャー（インフラ）の構築が必要なのですが、シカゴ学派の新自由主義を唱える「シカゴボーイズ」が政府が資金を出してインフラを造ることすら自由市場主義に反すると

ワシントンDC米国連邦議会議事堂

主張しました。そのため、中南米の国々では「何だかわからないが、アメリカの言うことと聞いていたらとんでもないことになった」と嫌米になってしまいました。

チリのピノチェト大統領の期待外れ

南米のチリでは、左派政権を倒したアウグスト・ピノチェト大統領が、アメリカのような自由民主主義経済体制を志向してアメリカに支援を求めました。ところが、その時のアメリカの経済学はシカゴ学派による新自由主義が主流となっていました。

そして、ピノチェト大統領はフリードマンと会って、自由主義経済を学ぼうとしましたが、フリードマンが勧めたのは新自由主義的政策で「規制緩和、民営化、減税、金融自由化、為替の自由化、関税撤廃、貿易自由化」でした。このようなことをしたら、チリのような発展途上国は、外国資本にやられてしまい、国富の流出を招くことになります。

チリは国内のインフラを整備する必要があるにもかかわらず、フリードマンは政府が資金を出して道路、橋、鉄道などを造ることは市場原理に反することで、あくまでも民間が競争的にやるべきだとして、新自由主義政策を勧めました。以下は、フリードマンが言ったかどうかは、確認が取れないのですが、新自由主義の論者が述べていたことです。「政府資金による財政投融資によってインフラが整備されると、生産性が良くなり

アウグスト・ピノチェト大統領
Augusto Pinochet fotox oficial. Augusto Pinochet Ugarte (c. 1974)
第30代チリ大統領。１９７３年のクーデターで政権を掌握、１９９０年の辞任まで独裁者として君臨した。（１９１５年11月25日生まれ、２００６年12月10日死去）

供給過剰となるため、不景気が訪れる」と言っています。まっとうな理屈とは思えません。発展途上国のインフラが整備されて生産性が良くなることが、なぜ悪いことなのか理解に苦しみます。

ピノチェト大統領は、アメリカのシカゴ学派ではなく、イギリスのケンブリッジ学派に教えを乞うべきだったと思います。

結局、チリの経済はうまくいかず、晩年のピノチェト大統領は社会主義的な政策に向かうことになってしまいました。

エリザベス女王の質問

このように新自由主義が発展途上国を中心に不具合をもたらしたのです。これに対して、スティグリッツやクルーグマンらが批判をしていたのですが、激しい議論をする人には「フリードマン悪者説」を唱える人もいました。

格差拡大をはじめ、様々な経済問題が起こり、２００８年にはリーマンショックを契機とした金融危機が発生しました。その後、エリザベス女王がイングランド銀行を訪問して、「なぜ、誰も予測できなかったのですか」と尋ねたとき、並み居る経済学者たちは言葉に窮したということです。経済学者たちは、日々論争に熱心で、現実社会をよく見ていなかったのでしょう。

日本における新自由主義は格差を拡大させた

日本にも、「シカゴボーイズ」のような学者がいて、小泉純一郎内閣によって民営化、規制緩和、金融自由化政策を進めましたが、日本は海外との競争力がありインフラも整っていたので、中南米のようにはなりませんでした。ただし、貧富の格差は広まってしまいました。1970年代までは「一億総中流」といわれていた日本社会も格差拡大の幕開けとなったのです。

格差はいずれ収束すると説明したクズネッツ曲線

レーガン大統領は、自由化や民営化政策で経済を刺激すると、経済は成長するものの格差が拡大するという批判に対して、豊かになった人から富がしたたり落ちる（トリクルダウンする）と前述しました。中国では、改革開放を進めた鄧小平《とうしょうへい》が「市場の自由競争で先に豊かになる者が現れるだろうが、いずれ国民全体に富が行き渡るだろう」と、いわゆる「先富論」を唱えました。

アメリカの経済学者サイモン・クズネッツ（1901〜1985）は、経済の発展は社会の不平等を広げるが、やがてその差は縮小され不平等は是正されるとして、クズネッツ曲線と呼ばれる逆Uの字グラフを提示しました。レーガン大統領の「トリクルダウン」も、鄧小平の「先富論」も、まさにクズネッツ曲線そのものです。

クズネッツは、自由主義市場は貧富の格差を生み出すということを認めた上で、それが時間とともに平準化されるという理論なのです。しかし、一旦富裕になった人はあらゆる手を使って富の維持拡大を図りますので、格差は縮まりません。

クズネッツ曲線

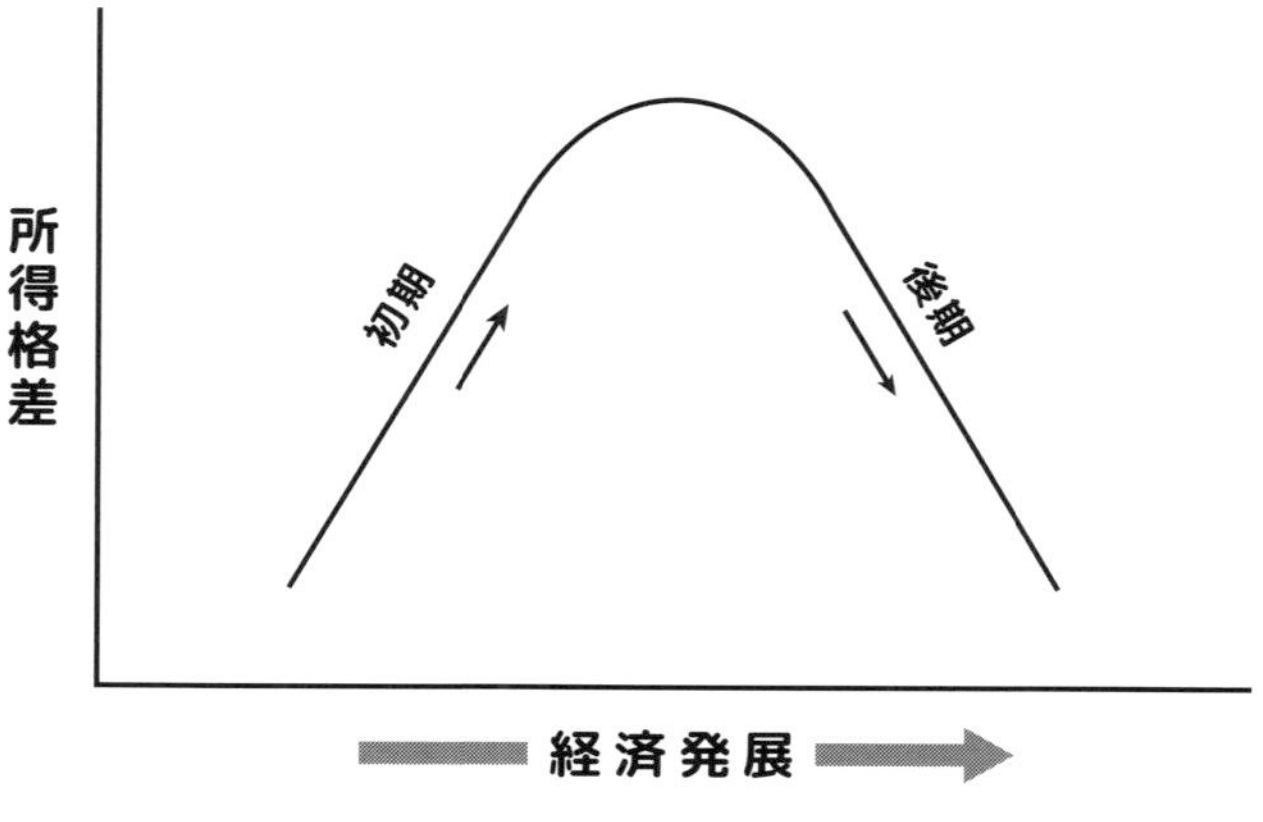

金持ちはいつまでも金持ち

実社会ではクズネッツが述べたようにはならず、富裕層は固定化されてしまっています。レーガン大統領が相続税を大幅減税しましたが、これによって金持ち家族はいつまでも金持ちでいられます。

世界最大の小売業のウォルマートの創業者サム・ウォルトンの子どもたちの資産が、フォーブス誌によるとアメリカの全国民資産の3分の1に及んだということです。親を選べないという意味で「オヤガチャ」というそうですが、たまたまサム・ウォルトンの子どもとして生まれたら、ラッキーな「オヤガチャ」となり大金持ちになったというわけです。アメリカの大衆紙でたびたび話題になっていたヒルトン姉妹も、ホテル王のコンラッド・ヒルトンの子どもに生まれた幸運で、派手なセレブ暮らしをしています。

大金持ちは、資産運用組織（会社あるいは法人）を持っていて、グローバルに資金運用をして財産が減らないように管理をしています。世界で税金の安い国に資金を移動させて、いわゆるタックスヘイブンをすることを資金運用組織が日々やっていますので、大金持ちの資産は減らないどころか、ますます増えているのです。

鉄鋼王だったジョン・ロックフェラーの財産を管理するロックフェラー財団は慈善活

動をして社会貢献をしていることで有名ですが、基本的には財産を運営して減らさないようにするのが基本業務です。日本でも個人財産を運用する会社がたくさんあります。会社が資産を保有していれば、相続が起こりません。日本では、相続税が高く3回相続すると財産がなくなってしまうといわれています。

新自由主義は世界的な陰謀か

前述したリカードの貿易理論（比較優位論）も新自由主義の唱えるグローバルスタンダード（ワシントンコンセンサス）も、発展途上国には、良い結果をもたらさなかったのです。

「いやいや、これこそが世界的な陰謀なのだ」と言う人もいます。つまり、産業革命で優位になった国々による発展途上国をこれ以上発展させないようにするための仕組みなのだというわけです。

白人でキリスト教徒のアングロサクソンたちが、このような陰謀を意図的に推し進めているとは思いたくありませんが、自分たちの優位性を前提とした経済学を正論としようとしているように見えなくもありません。

第二章

共産主義経済の流れ

産業革命時の悲惨な労働者

さて、産業革命はもう一つの経済学の流れを生み出しました。それは共産主義のマルクス経済学です。

産業革命は大きく経済を発展させたのですが、規模の拡大とともに資本家と労働者という階級を生み出すことになってしまいました。そして、それは大きな格差をもたらしたのです。当初は、労働者の権利を擁護する制度はまったくなかったため、労働者の生活は悲惨なものでした。

貧富の格差について論じたフランスの経済学者トマ・ピケティ（1971〜）のベストセラー『21世紀の資本』には、労働者の貧困生活を当時のビクトル・ユーゴー、ジェイン・オースティン、オノレ・ド・バルザックなどの文学作品を多く引用することで説明しています。ビクトル・ユーゴーの『レ・ミゼラブル』やチャールズ・ディケンズの『クリスマス・キャロル』『マッチ売りの少女』などを読んだ、あるいは映画で観たことがある人は多いと思いますが、当時の労働者の貧困はひどいものでした。

子どもの労働も当たり前に行われていました。当時の燃料は石炭であったため、常に煙突掃除が欠かせませんでしたが、その煙突掃除に多くの子どもたちが使われていました。体重の軽い子どもをロープでつるし煙突の中を掃除させていたそうです。これによって、癌《がん》にかかる人が増えたということです。

マルクスの思い

こうした労働者の悲惨な状況を見て、カール・マルクス（1818～1883）は労働者による革命が必要だと強く思い、フリードリヒ・エンゲルス（1820～1895）とともに『共産党宣言』（1848年）を発表しました。マルクスは、ドイツで新聞の編集者をしていて、社会の問題について強い関心を持ち、『資本論』の執筆にとりかかったのです。

マルクスが影響を受けたのはドイツの哲学者ルートヴィヒ・アンドレアス・フォイエルバッハ（1804～1872）の唯物論でした。フォイエルバッハは「人は喰うところによる」と言いました。「人はパンのみにて生きるにあらず」と言ったイエス・キリストとは大違いです。もちろん、フォイエルバッハは無神論者です。

マルクスは、強い説得力を持たせるためでしょうか、徹底的に唯物的な論理展開を試み、『資本論』の第1巻を書き上げました。その後の『資本論』は、マルクスがたくさん書き残したメモを友人のエンゲルスがまとめて世に出したものです。「共産党宣言」

カール・マルクス
ドイツの経済学者。主著に「資本論」があり、その理論に依拠した経済学体系はマルクス経済学と呼ばれ、世界に多大な影響を与えた。1849年以降は、イギリスを拠点として活動した。（1818年5月5日生まれ、1883年3月4日死去）

から25年後でした。

エンゲルスはドイツの紡績工場の経営者の息子として生まれたのですが、社会主義思想に傾倒し、社会労働党や労働組合の活動に積極的に参加し、当時はマルクスより影響力のある活動家でした。マルクスと知り合ってからは、無二の親友となり、生活に困窮するマルクスを生涯にわたった支援をしました。エンゲルスがいなかったらマルクスの『資本論』はなかったと言っていいと思います。

宗教はアヘンか

なぜ虐げられている労働者は立ち上がり、革命に突き進むことをしないのかとマルクスは相当にいら立っていたということです。そして、マルクスは「宗教はアヘンだ」と言いました。神を信じて来世の幸せを願って、従順な信仰生活を送る人たちは革命を起こそうとしません。革命を起こしたいマルクスとしては、宗教を信じて従順になっている人々を見て「宗教はアヘンだ」と言ったのです。共産主義理論では、唯物思想ですから宗教を否定しています。

マルクスのいら立ちはあったものの、『資本論』の共産主義思想は世界に広がり、そして、とうとう、1912年にウラジミール・レーニン（1870~1924）らによって人類史上初の共産主義国家ソビエト連邦が誕生しました。マルクスが亡くなって39年後、「共産党宣言」から69年後です。

共産主義計画経済はうまくいかなかった

マルクスの『資本論』は、資本主義を批判する記述が大半で、革命後のあるべき経済体制については、自由市場を排し平等な分配をするべきであると述べていますが、具体的な経済制度の在り方についての記述はほとんどありません。

革命に成功したウラジミール・レーニンらは、生産手段の私有化を否定して、国有化を進め、生産物はすべて国家のモノとして平等な配分をする経済体制をめざしました。

マルクスは、アダム・スミスの言う〝見えざる手〟が働くという自由市場は格差を生み出し階級を形成することになるから良くないと全面否定していますので、レーニンは人の知恵で計画的に生産量と配分案を策定して経済を動かそうと経済の運営を始めました。いわゆる計画経済です。

しかし、計画経済は不可能なことでした。パンもバターも、シャツも靴下も、鉄も木材も、自動車もガソリンも人が計画を立てて数量も価格も人が決め、分配も人が行おうというのですが、適切な計画立案も実行もできることではなかったのです。また、国民

ウラジーミル・レーニン
Cropped portrait of Vladimir Lenin (1870-1924), Marxist revolutionary and leader of Soviet Russia and the Soviet Union from 1917 to 1924.
ソビエト連邦の初代指導者。マルクス主義者として数々の著書を残し、マルクス・レーニン主義として継承され、世界の社会主義国に影響を与えた。（1870年4月22日生まれ、1924年1月21日死去）

の平等化をめざしていたため、よく働いた人も創意工夫を凝らした人も、与えられるものが同じであるため、人々の働く意欲が停滞してしまいました。

農業については、コルホーズ、ソフホーズという国営農場が組織され、農民はこの国営農場に組み込まれました。当時、ソビエト連邦の一部だった穀倉地帯のウクライナにも多くのコルホーズ、ソフホーズが作られました。

共産主義計画経済は専制主義を生み出す

計画経済は、うまくいかなかったのですが、もう一つの大きな問題を生み出してしまいました。

それは、計画を作成する側とそれを実行する側という新たな階級を作り出してしまったことです。前述したように人間が計画的に、すべてのモノとサービスをバランスよく作り分配することは不可能だったのですが、それを無理やり遂行しようとしたため、計画を作る側は次第に強権的になっていきました。

マルクスは、資本家と労働者という階級を打破して理想の国家をつくろうと考えたのですが、実際に計画経済をやってみたら、新たな階級ができてしまったのです。マルクスもここまでは想定できなかったのでしょう。

計画を策定し実行させる側は、専制主義になり、さらに独裁へと進んでしまいました。ソ連に続いて、中国も北朝鮮もキューバも独裁国家になってしまったところを見ると、どうやら共産主義の計画経済は独裁国家を必然的に生み出してしまうようです。ベトナムも共産主義国家ですが、今のところは復興第一で、専制主義にはなっていません。また、ソ連と中国のように計画経済を試みてはいないため、強権的になる可能性は低いとは思いますが、基本的には社会主義ですので、いずれ共産党一党独裁に進む可能性はあると思われます。

中国嫌いなベトナム

ここで、もう少しベトナムについて、記しておきたいと思います。

ベトナムは、1975年に共産主義の北ベトナムがアメリカに勝利して、ベトナムは共産主義国家になります。ところが、4年後の1979年に中国との国境を巡って戦争が起こります。さらに、1988年には、中国海軍とスプラトリー諸島海戦が起こり、スプラトリー諸島のベトナムの島々が中国に占領されてしまいます。

ベトナムは共産主義国家となったのですが、歴史的に中国と対立を続けてきた国ですから、中国を強く警戒しています。ロシアと中国が進めている上海協力機構にベトナムは入っていません。また、北朝鮮とも関係を持っていません。

ベトナムは中国を封じ込めようとしているアメリカ側に与《くみ》する可能性が高いと言っていいでしょう。

ウクライナの悲劇　ホロドモール

人類史上初の共産主義国家ソ連では、計画経済の不具合だけではなく、大変な悲劇も起こっていたのです。

農業においては、国家指導による計画的生産をめざして国営の農場コルホーズ、ソフホーズが組織されました。「ヨーロッパのパン籠」と言われていたウクライナでも、農民すべてが国営農場に編入させられていました。

そして、1932~1933年に農産物の不作が起こった時に、ソ連の独裁者ヨシフ・スターリンは国営農場でできた作物はすべて国家のモノだとして、軍隊を派遣してウクライナの穀物をすべて集めてレニングラード（現在はサンクトペテルブルク）とモスクワに持ち去ったのです。その結果、ウクライナでは食べ物がなくなり多くの人が餓死しました。このウクライナでの人為的な飢饉は「ホロドモール（ホロド＝飢え、モル＝抹殺）」と言われ、実に500万人もの人が餓死したのです。この人類史上稀有な大悲劇の恨みをウクライナの人々は忘れることができません。

「ホロドモール」の約8年後の1941年にナチスドイツがポーランドとウクライナを経て、レニングラードに侵攻しました。第二次世界大戦の始まりです。それを見たウクライナ人はナチスドイツの軍隊に便乗してロシアに攻め込みました。しかし、ご承知のようにこの第二次大戦は、イギリス、フランス、アメリカなどの連合軍によってナチスドイツは敗北してしまいます。

このようなことがあったので、ウラジーミル・プーチン大統領はウクライナのナチスをたたくのだと言っているのです。一方のウクライナは、「ホロドモール」の恨みを忘れていませんので、徹底抗戦を続けています。

ソビエト連邦の崩壊

マルクスが夢見た共産主義計画経済はうまくいかず、1991年に、とうとうソビエト連邦は崩壊しました。共産主義国家ソビエト連邦ができてから、わずか74年でした。

当時、『大いなる失敗』という本がベストセラーになりました。書いたのはズビグネフ・ブレジンスキー（1928~2017年）というポーランド出身の学者です。共産主義

ベルリンの壁崩壊
Picture of The fall of Berlin wall:West and East Germans at the Brandenburg Gate in 1989

国家ソビエト連邦は人類史上最大の失敗だと書いてあります。

『戦争は女の顔をしていない』という作品を書きノーベル文学賞を受賞したベラルーシの作家スヴェトラーナ・アレクシエーヴィチ（１９４８〜）は「我われは妄想の申し子だったのではないか」と述べています。マルクスの描いた計画経済は、やはり妄想だったのでしょう。

イギリスの文学者・劇作家・評論家のバーナード・ショー（１８５６〜１９５０）は「間違った知識には注意せよ。それは無知よりも危険である」と言っています。

バーナード・ショー
George bernard shaw.
アイルランド出身の文学者で1925年にノーベル文学賞を受賞した。脚本家、政治家などでも活躍したが、特に文学者と教育者として有名。（1856年7月26日生まれ、1950年11月2日死去）

第三章

日本の経済学

アジアに広がった植民地

19世紀初めから中頃にかけて、産業革命を経て、蒸気船を開発した欧米は植民地獲得競争を一層活性化させ、アフリカ、中南米、インド、そしてアジアへと競って植民地を広げていました。

1840年にアヘン戦争が起こりました。イギリスが中国に対して仕掛けたアヘン戦争は中国を植民地化するためのひどい戦争です。イギリスはインドで栽培したアヘンを中国に大量に売り、多くの中国人をアヘン中毒にしました。中国政府はアヘンを禁止し、焼却処分をしたのですが、イギリスがそのアヘンの代金の賠償を求め、争いになり、イギリス政府は軍隊を派遣して中国の沿岸部を占拠しました。中国は降伏して、賠償金の支払いに応じ、香港をイギリス領にすることも認めました。

アジア各国は軒並み植民地にされ、残るは極東の島国日本だけとなっていました。

そして、1853年にペリーの黒船が来航し、通商を求めました。また、ロシアの軍艦がやって来て対馬に上陸するという事件も起こります。さらに、下関海峡を通過する外国船に長州藩が砲撃したことに対する報復が列強によって行われ、長州藩兵が撃破されるという馬関戦争も起こりました。

日本の分岐点　薩英戦争

1862年には生麦事件が起こります。薩摩藩主の島津茂久の父・島津久光の行列を馬で横切ったイギリス人を薩摩の武士が斬り殺したという事件です。これに怒ったイギリスは、世界最強といわれていたイギリス海軍を鹿児島に差し向けました。軍艦7隻が錦江湾（鹿児島湾）に侵入し、いわゆる薩英戦争が勃発します。

ペリーの黒船は4隻でしたから、イギリスの軍艦7隻は、かなり本気で仕掛けてきたものと思われます。

ところが、幸いなことに薩摩の大砲がイギリスの旗艦ユーライアラス号に命中し、艦長と副艦長が戦死してしまいます。やむなく、撤退したイギリスは、薩摩藩を逆に評価するようになり、後に鳥羽・伏見の戦いと幕府軍を函館まで追い詰めた戊辰《ぼしん》戦争では、イギリスが薩摩を支援しました。また、坂本龍馬はイギリスから資金提供を受けていたといわれています。さらに後年の話ですが、日露戦争の際にはイギリスが日本の国債を引き受けてくれるのです。

もし、この薩英戦争で馬関戦争のように薩摩藩兵が蹴散らかされていたら、日本は植民地になっていたかもしれません。

薩英戦争後、欧米列強の近代化した軍艦であっても、容易に日本列島を占領することは難しいとみて、フランスは幕府と手を組もうとし、イギリスは薩摩や長州に接近していました。

幕末の混乱した時代に、欧米の列強（イギリス、アメリカ、ロシア、フランス、ドイツなど）は日本を植民地にしようと迫っていたわけですが、日本には旧式といえども多くの鉄砲があり、刀を差した武士がたくさんいました。そう簡単には武力で征服することはできないとみていたのだと考えられます。

いずれにしても、欧米の列強が日本を植民地化しようと野心を持っていたのは間違いないことです。

攘夷論が渦巻いていた日本

中国を植民地にするために、手段を選ばず仕掛けられたアヘン戦争のことは日本にも伝わり、日本は強い危機感を持つようになっていました。その危機感を吉田松陰（1830~1859）が松下村塾《しょうかそんじゅく》で門下生に伝え、攘夷論が盛んになっていきます。松下村塾の塾生には、高杉晋作、久坂玄瑞や後に総理大臣になる伊藤博文、山縣有朋などがいました。

外国嫌いだった孝明天皇（在位：１８４６～１８６７年）が幕府に対して攘夷（夷狄《いてき》を打ち払うこと）を決行するように命令しました。苦慮した幕府は、開港していた横浜を閉鎖することに決め、それを諸外国に説明し理解を求めようと使節団を派遣しました。これによって幕府は天皇の意向通り攘夷を進めているということにしようとしたということです。

その時の使節団の代表に選ばれたのが攘夷論の急先鋒《せんぽう》だった27歳の池田長発でした。池田長発は船で出発しインド洋、紅海を進み、途中でエジプトに上陸した際にピラミッドを見学しました。侍姿の人たちがスフィンクスの前で撮った写真が残っています。そして、パリに到着した一行は、街のガス燈やホテルのエレベーターに驚愕します。また、時の皇帝ナポレオンⅢ世はフランス軍の軍事パレードに一行を招待してくれたのですが、これにも圧倒されました。交渉のほうはフランスの外務大臣に会ったものの、軽くあしらわれてしまいます。結局、池田は成果を得られずに帰国しました。しかし、幕府としては時間稼ぎができました。

攘夷の急先鋒だった池田長発は日本の攘夷騒ぎがいかに馬鹿げたものであるかに心底気が付いたのです。当時、池田以外にも、欧米の文明に触れて攘夷がいかに無意味なものであるかに気付いた日本人はたくさんいたのです。

後年、攘夷を唱えて幕府を倒し明治政府を樹立した人たちは、攘夷どころか１８０度

スフィンクス前で集合写真を撮る池田使節団
©国立国会図書館ウェブサイト（本の万華鏡）より

転換して外国に学ぶことを積極的に始めたというわけです。

坂本龍馬の海援隊とそれに続く明治の実業家

明治維新の立役者・坂本龍馬（１８３６～１８６７）は、咸臨《かんりん》丸で渡米経験がある進歩派の幕臣勝海舟の薫陶を受け、海援隊を組織しました。龍馬は倒幕活動をしていましたが、坂本龍馬の本心は攘夷をしようというのではなく、国際貿易に乗り出したいと思っていたようです。海援隊の隊員は船の操舵《そうだ》法の訓練だけではなく法律・政治や英語の勉強もしています。海援隊が操行していた船「いろは丸」が紀州藩の船とぶつかり沈没するという事件を起こしますが、その交渉で龍馬は万国公法を持ち出して、紀州藩から賠償金を得ています。

龍馬の活躍を無視できなくなった土佐藩は、脱藩浪士だった龍馬を容認するようになり、多くの土佐の若者が海援隊に入隊するようになりました。その中に、森田晋三という人物がいました。森田晋三（１８３１～１８８７）は、後に同じく土佐藩出身の岩崎弥太郎（１８３５～１８８５）と知り合い、三菱商事の前身となる九十九商会の設立に関わっています。

前述の池田長発の使節団の一員には益田孝がいました。益田孝（１８４８～

坂本 龍馬
土佐藩郷士の家に生まれ、脱藩した後は志士として活動し、貿易会社と政治組織を兼ねた亀山社中（のちの海援隊）を結成した。薩長同盟の成立に協力するなど、倒幕および明治維新に関与した。1867年12月、京都で暗殺される。（1836年1月3日生まれ、1867年12月10日死去）

1938）は三井物産を設立しています。パリ万博に赴いた経験を持つ渋沢栄一（1840～1931）は、明治維新後、欧米流の経済システムを取り入れ、多くの株式会社と銀行を設立し、日本資本主義の父と高く評価されています。また、ホテル事業や製鉄、化学工業など手広く事業を起こし大倉財閥を築いた大倉喜八郎（1837～1928）、安田財閥を築いた安田善次郎（1838～1921＝オノ・ヨーコの曽祖父）、明治の元勲《げんくん》松方正義（1835～1924）の三男松方幸次郎（1866～1950）は造船業（川崎重工）で財を成しています。などなど、日本の経済発展に寄与した実業家はたくさんいたのです。なお、松方幸次郎がヨーロッパで買い集めた美術品は松方コレクションとして有名です。上野の国立西洋美術館で展示されています。

実は、前出の土佐出身の森田晋三は私の曽祖父なのです。森田晋三の長男・森田彦季（日本銀行理事などを歴任）の次女が私の母。つまり、私の三代前。日本が近代化する萌芽《ほうが》は、それほど大昔の話ではないのです。

植民地にならなかった日本

縄文時代以来の一万数千年の日本の歴史上、わずかの年月で長足の進歩を果たした日本は近代化し、日清戦争（1894年）、日露戦争（1904年）に勝ち、第一次世界大戦（1914~1918年）でも戦勝国となりました。

日本は植民地にされるどころか、先進国の仲間入りをしたのです。

なぜ、日本はそうなったのでしょうか。その第一の理由は教育だと思われます。明治時代に、多くの外国人教師を招聘《しょうへい》しました。北海道大学に赴任したウィリアム・スミス・クラーク博士が有名ですが、農学、建築、工学、数学など多くの外国人教師が来日しています。数学を教えに来た外国人教師が驚いたことがあります。それは、日本人の学生の大半が正確な円周率や微分積分などの高度な数学をすでに知っていたことです。

数学神社

余談になりますが、日本には「数学神社」が各地にありました。江戸時代の中頃に、武士や町人など趣味で数学を研究する人たちが研究成果を絵馬にして神社に掲げたのです。約1000枚もの算額絵馬が現存しています。江戸時代に数学を趣味とする人がいたということも驚きですが、その内容もかなり高度なもので、仲間に誇示するために、問題とその解答を絵馬にして神社の軒に掲げていたのです。東北地方、関東、大阪など各地にありますが、東京では渋谷駅近くの渋谷警察署の裏の坂道を登ったところにある金王《こんのう》八幡宮で見ることができます。

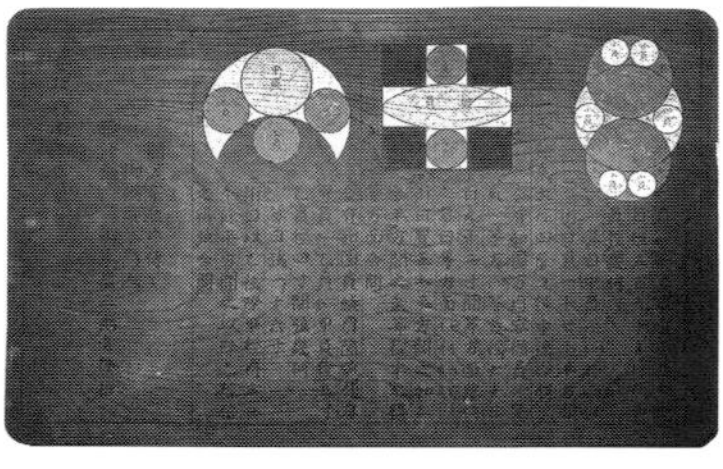

高度な数学や天文学は中国などでも研究されていましたが、それは一部の限られた人たちの秘伝とされ、大衆のものではなかったのです。それに比べて、日本では身分にこだわらず多くの人たちが読み書き算盤を寺子屋などで勉強していました。これが、明治維新後に機械文明にいち早く対応できたという、日本の近代化の基礎的要因だったと考えられます。

金王八幡宮 算額絵馬
関流宗統六伝の御粥安本門人である西條藩（現在の愛媛県西条市）の武士、山本庸三郎貴隆により、安政六年己未四月（１８５９年）に奉納された算額で、全部で3問あり、図は幾何学の問題を表している。

アジアで唯一植民地を持つ国になった日本

次々と植民地を増やしていたアングロサクソンたちは世界征服ができると思っていたようですが、ヨーロッパから見るともっとも東の果て、いわゆる極東アジアの小国JAPANが植民地にならなかったどころか、わずかの期間で近代化を果たし、しかも日清戦争と日露戦争に勝ち、さらには第一次世界大戦でも戦勝国になり、欧米以外で唯一植民地を持つ国になったのです。

特に、日露戦争に勝ったことは、世界を驚かせましたが、日本人にとっても誇らしいことだったのです。司馬遼太郎の『坂の上の雲』を読んだ人は多いと思いますが、日露戦争について詳しく書かれています。日露戦争は日本人が近代化へまた世界へ踏み出した大きな一歩でした。

愛媛県松山市に「坂の上の雲ミュージアム」があります。近くに「子規記念博物館」もありますので、道後温泉に浸かりながら日本の夜明けに想いを巡らしてみてはいかがでしょうか。

列強と肩を並べるまでになった日本

日本は明治維新で夜明けを迎え、日清戦争と日露戦争の勝利に続いて第一次大戦にも勝ち、版図を広げました。

ヨーロッパでは日本を脅威に感じ始めました。いわゆる「黄禍論」が唱えられ、日本封じ込めを画策するようになりました。ドイツのウィルヘルムⅡ世は「オスマントルコやモンゴルのヨーロッパ遠征に見られるように黄色人種の興隆はヨーロッパ文明の危機である」と述べています。

列強に並ぶほどの軍事力を持つようになった日本は、1922年のワシントン海軍軍縮条約で、軍艦の数を米：英：日：仏：伊＝5：5：3：1・67：1・67と定められ、日本は米英の60％に制限されました。しかし、フランスとイタリアを上回り、米英に続く第3位ですから、20世紀初めにはそれなりの大国になっていたのです。

松下村塾の門下生のうち維新後まで生き残った伊藤博文、山縣有朋などが、「大東亜共栄圏」構想を掲げて、アジアへの勢力拡大を進めました。すでに植民地としていた台湾、韓国だけではなく、満州国を樹立し、日本は帝国主義に突き進みます。

そして、とうとう太平洋戦争を引き起こしました。その結果、広島と長崎に原爆を投下され、１９４５年8月15日、日本は無条件降伏をすることになってしまいました。

明治維新という過ち！

このように日本がアジアへの影響力を広げようと始めたのは、松下村塾で吉田松陰の薫陶を受けた人たちによる思い込みがあったのではないかとする『明治維新という過ち』（原田伊織著／毎日ワンズ）という本があります。この本によると、攘夷を叫んで倒幕運動に奔走していた幕末の志士たちの多くはテロリスト集団で、前途有為な人材を失うことになったということです。原田伊織の本書の続編『官賊と幕臣たち』には、当時の暗殺のリストが掲載されていて、相当克明に調べていることがうかがえます。

中高年に多い司馬遼太郎のファンをはじめ、多くの日本人は「明治維新は輝かしい日本の転換期」と思っていますので、その史観に水を差す本です。

この本が指摘している通り、明治維新の熱がそのまま続き、日本は帝国主義へと突き進んでしまったのかもしれません。日清戦争と日露戦争、第一次大戦の勝利で満足し、欧米と折り合いをつけて、アジアの平安を重んじていれば、アジアの大国としての地位を維持できていたのだと思われます。仮の話ですが、日本が太平洋戦争に突き進んでいなければ、中国と北朝鮮の共産化を防げたかもしれません。

「マル経」と「近経」

さて、太平洋戦争で負けた日本はアメリカの占領地となり、ダグラス・マッカーサーによって日本の社会経済体制の整備が行われました。治安維持法など戦時下の不合理な制度が廃止され、比較的自由な社会体制になりました。

マルクス経済学者の大内兵衛（1888〜1980）が東京大学の教授として復帰しました。慶応大学ではケンブリッジ系の自由主義経済学の小泉信三（1888〜1966）などが教授として教鞭をとっていました。当時、東京大学や大阪大学は「マル経」で、早稲田・慶応は「近経」と言われていて、たびたび論争が繰り広げられていました（マル経：マルクス経済学、近経：近代経済学＝主としてケインズ流の経済学）。

小泉信三についても知らない人が増えているようですが、皇室に美智子妃殿下（現・上皇后）を推挙した人といえば、思い出す人もいるかもしれません。小泉信三は、日本が共産主義化するのを危惧して論陣を張り、『共産主義批判の常識』（1949年）という本を出版しています。

大内兵衛のハガキ

さて、また話が脱線しますが、マルクス経済学者の大内兵衛のハガキが、我が家の押し入れから出てきたのです。昭和35年の消印の私の父宛のハガキです。達筆な毛筆で書かれていて、「論文をお送りいただき、ありがとうございます。この分野は素人なのでわかりかねます」というようなことが書かれています。当時、父・玉生道經《みちつね》は犯罪心理学を研究していて、「不景気だと大人の犯罪が増え、好景気になると少年の犯罪が増える」という説を唱えていました。多分、このことについて当時の有名経済学者であった大内兵衛に意見を求めたのではないかと思われます。

筆跡を見ると、明治生まれの人らしく、書き慣れた筆文字です。大内兵衛は、暴力革命を主張するコテコテの共産主義者ではなく、主として財政学を講じていたということです。

この大内兵衛のハガキが出てきたということだけだと別に珍しいことではありません。珍しいのは、六十数年前のこのハガキが現在の私の家の二軒隣の家から送られていることです。1986年に、父とともに鎌倉の姥《うば》ヶ谷に引っ越したのですが、その家の

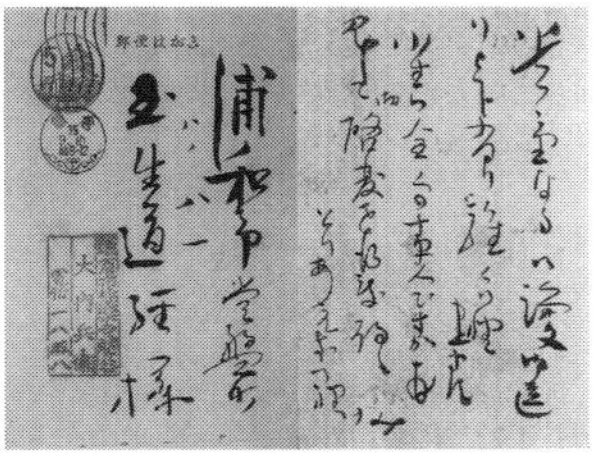

大内兵衛のハガキ
大内兵衛（おおうち ひょうえ）は、大正･昭和期の日本のマルクス経済学者。東京帝国大学法科大学経済学科を首席で卒業。

近くに大内兵衛がかつて住んでいたというわけです。

さらに、大内兵衛が住んでいた家の隣には、有澤廣巳（1896〜1988）が住んでいました。有澤廣巳も東大のマルクス経済学者で、大内兵衛は退官後、法政大学の総長になっていますが、有澤廣巳も大内兵衛の次の総長になっています。しかも、大内兵衛のお宅の隣に住んでいたというわけです。戦前の共産主義に対する取り締まりが厳しかった時代に、この二人は一緒に検挙されたことがあるため、隣同士で住みたかったのかもしれません。

大内兵衛も有澤廣巳も、共産主義国ソビエト連邦が崩壊した1991年の少し前に亡くなっています。このお二人はソビエト連邦崩壊を見たらどのように思ったことでしょうか。

鎌倉の小さな谷・姥ヶ谷周辺には、哲学者の西田幾多郎（1870〜1945）、五千円札の顔の新渡戸稲造（1862〜1933）、同じく五千円札の津田梅子（1864〜1929）、画家の有島生馬（1882〜1974＝白樺派の有島武郎の弟）、彫刻家の高田博厚（1900〜1987）など明治・大正・昭和の文化人がたくさん住んでいました。実は、前出の私の曽祖父の森田晋三の別荘もあったのです（なお、現在はサザンオールスターズの桑田佳祐の家やイチローの家などがあります）。

戦後の復興にまい進した日本

さて、日本の経済学界で論争が行われている中で、政府当局はケインズ流の経済政策を展開していました。第二次大戦後の日本は、アメリカ軍の爆撃で破壊されてしまったインフラの復興が急務であったため、道路、鉄道、港湾、水道、電力など修復しなければならいことがたくさんありました。当然のこととして、政府が税金を使って事業を進めていました。こうした財政投融資は、ケインズ流の政策そのものです。

当時、『財政投融資の話』（日経文庫）を著した海老沢道進（1912～2002）という経済学者がいました。東京大学を卒業後、大蔵省入省、退官後は大学教授を務めました。

またまた、私事で恐縮ですが、この海老沢道進は私の叔父なのです。父の弟なのですが、名前が違います。私の父・道經が玉生家を、弟の道進が海老沢家を継いだためです。昭和の時代以前にはよく行われていたことです。

ケインズ流の財政投融資で所得倍増した日本

そして、その叔父・海老沢道進の上司が下村治(1910~1989)でした。下村治は当時の有名なエコノミストです。下村治は、マルクス経済学が主流だった東京大学経済学部を卒業し、大蔵省(現・財務省)に入省したのですが、病を得て休職。その間にケインズ経済学を研究し、一流のエコノミストと評価されるようになりました。下村は大蔵省事務次官となり、池田勇人総理大臣の「所得倍増論」(1960年)を支えたのです。そして、日本の国民所得は7年後に本当に倍増したのです。下村が日本経済は年10%の成長が可能であると推測し、その通りになったのです。毎年10%の成長をすると、計算上7年でほぼ2倍になります。

アメリカで本流となっていたシカゴ学派の新自由主義のマネタリズムとは違う経済政策・財政投融資を日本政府は盛んに行ったわけですが、当時の日本としては戦後の復興のために必要に迫られて行っていました。しかし、結果としては、GDP(国内総生産)を増やし、ケインズの「乗数理論」の通りに成長を遂げることになったのです。

そのため、当時の日本の経済学者たちはケインジアンだらけとなっていました。

日本は世界一になるのか？

1970年代になると、日本の発展は著しく、多くの日本製品が世界に輸出されるようになりました。最初は造船や繊維でしたが、急速に技術進歩した自動車産業が大幅に輸出を増やし、アメリカと自動車摩擦を起こすようになりました。当時、エズラ・ヴォーゲルの『ジャパン・アズ・ナンバーワン』（1979年）という本がベストセラーになり、いずれ、日本はアメリカに追い付くのではないかとまで言われていました。

プラザ合意による円高誘導

しかし、とうとう1985年にプラザ合意によって日本経済に急ブレーキがかけられました。ニューヨークのセントラルパークに隣接するプラザホテルでG5の財務省・中央銀行総裁会議が開かれ、アメリカの貿易赤字を解消するために円高（ドル安）に誘導するための協調介入が行われることになったのです。その結果、円は230円／ドルから120円／ドルに急騰。1万ドルの自動車をアメリカに輸出した場合、230万円の売上になったのが120万円にしかならないのですから、日本企業にとっては大きな痛手です。先進諸国による制裁のような円高への誘導でした。

この急速な円高で日本製品は輸出しにくくなったのですが、一方で海外資産を買いやすくなりました。1989年に三菱地所がニューヨークのロックフェラーセンタービルを買収したことが象徴的ですが、多くの製造業が海外に工場を建設するということも盛んに行われました。特に、自動車メーカーはアメリカに工場を作ることによって貿易摩擦の回避を図りました。何しろ、10億ドルで工場を建てようとした場合、プラザ合意以前は2300億円も用意しなければならなかったのが1200億円でできるようになったからです。為替の変動による円安も円高も、厳しいこともありますが、恩恵もあるのです。

バブル景気

日本人は戦争に負けて、復興のために黙々と働き、ある程度の貯金ができた時に、プラザ合意で、その貯金が一挙に倍増したのです。工場を海外に建てられるようになり、海外のぜいたく品もたくさん輸入されるようになりました。そして、異常な景気高揚が起こり、いわゆるバブルとなりました。当時、東京の芝浦にあったジュリアナ東京や六本木のマハラジャというディスコで、毎夜踊り明かす姿が評判になっていました。

日本の景気は、１９８６年頃でピークアウトしていたのですが、日本経済はピークアウトの後から過熱を始め、土地は高騰し、国民はぜいたくを始めたのです。ところが輸出産業をはじめ急速に停滞が広がり、バブルがはじけることになりました。

乗数理論のほころび

さて、ケインズ流の「乗数理論」は日本の復興と発展に大いに役に立ったのですが、いつまでも効き目があるわけではありません。

「乗数理論」を思い出してください。誰でもが納得し、これはすごいと思ったことでしょう。投資が、国内のプレイヤー（経済活動主体）に次々と波及し、国内のＧＤＰ（国内総生産）を大きく拡大させます。おまけに、各プレイヤーの所得が増えますから、税収も増えるのです。

しかし、この魔法のような経済理論も、ある条件の下においてのみすごいのです。その条件とは、投資資金が国内で循環する場合です。そうです！　円が安い時には国内で循環するため、国内経済に素晴らしい成長をもたらすのですが、円が高くなり、原料も燃料も労働力も海外で調達するほうが安いとなると、各プレイヤーは海外に資金を持っていってしまうのです。

乗数理論のほころび

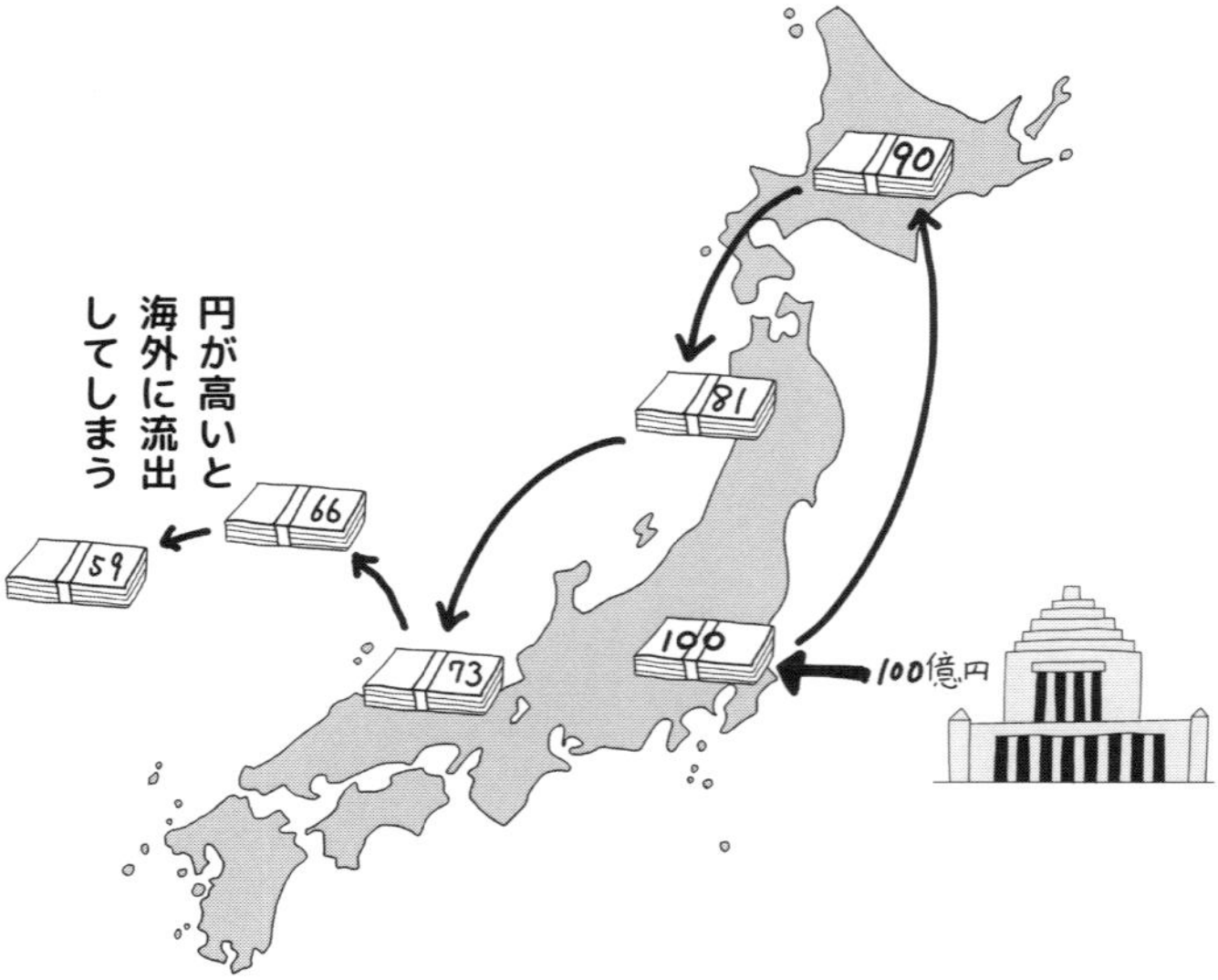

円が安いときには、投じられた資金は国内で循環し、企業も国民も所得が増え、税収も増え、政府の資金は回収できたのですが、1985年のプラザ合意以降は回収できなくなり、次第に財政赤字が拡大し始めました。

にもかかわらず、政府は何とかの一つ覚えのように、同じ政策を続け、何と2013年のアベノミクスまで約30年間も続けてしまうのです。その結果、税収は増えず、財政赤字が積み上がり、世界一の財政赤字国になってしまいました。

日本の財政投融資の流出によって、周辺諸国は大いに潤うことになりました。日本政府が周辺諸国に財政投融資をしてあげていたようなものでした。漏れ出した日本の財政投融資が周辺諸国の経済発展に大いに寄与することになったのですが、気のいい日本はアジアの発展はいいことだとして、ＯＤＡ（政府開発援助）まで提供しました。友好的な国であれば、相互に利益を分け合うことができるのでしょうが、そうでない国が出てきてしまいました。「敵に塩を送る」ではなく、塩を送っていたら敵になってしまったというわけです。

ポール・クルーグマンらが、日本へ提言

２０００年頃、ポール・クルーグマン（ニューヨーク市立大学）をはじめ多くのアメリカの経済学者が日本に提言していました。内容は、主として消費税軽減とヘリコプターマネーでした。政府による投資は、巡り巡って消費者の懐を潤して、消費需要が増えることになるのですが、前述のようにそれがうまくいかなくなってきました。そこで、せっかく政府がお金を出すのだから、直接消費者に届くようにするため、消費税の軽減とヘリコプターマネーをするべきだという内容です。政府による資金提供は、乗数理論によっ

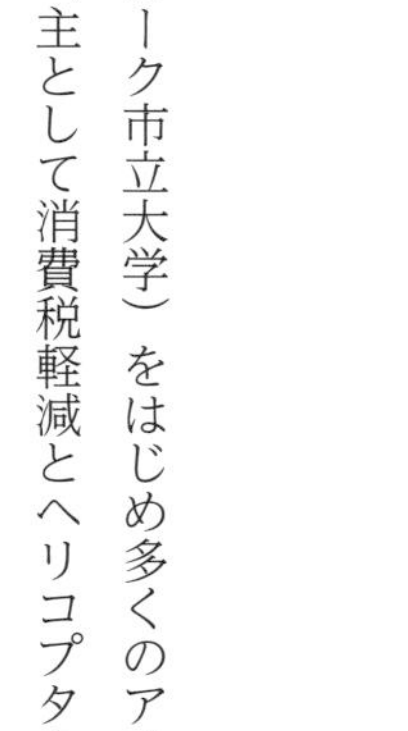

ポール・クルーグマン
Paul Krugman-press conference Dec 07th. 2008-8
アメリカの経済学者。ニューヨーク市立大学大学院センター教授。２００８年ノーベル経済学賞を受賞。（１９５３年２月28日生まれ）

て国内に浸透し消費者の懐を潤し、需要を喚起する効果があったわけですが、円が高くなったことによって、資金が海外に流れてしまい、日本の消費者まで届かなくなっていたからです。そこで、消費者に直接届く方法として、ヘリコプターマネーが良いという提言だったわけです。消費税の軽減も消費者に直接お金を手渡すと同じ効果があります。しかも、消費税の軽減は消費者に直接お金を交付するよりも手間がかかりません。

しかし、その時は日本政府によって行われることはありませんでした。

少し話が飛びますが、2020年にヘリコプターマネーが国民にばらまかれました。コロナ対策で国民に一律10万円が特別給付金として配布されたのです。さらに、個人事業者には持続化給付金100万円が提供されました。まさに、ヘリコプターマネーです。しかし、日本人の貯蓄好きとコロナによる巣ごもりによって、消費需要は増えずに貯蓄を増やすだけに終わっています。やはり、日本人はため込むのが好きなようです。

デフレスパイラルを招いた安売り哲学

日本は1990年から2020年頃まで「失われた30年」というデフレ時代を過ごしてきました。デフレの原因として、円高にもかかわらず財政投融資一辺倒という政府の政策によることもありますが、民間のビジネスにも問題があったと思われます。

それは、流通業界の安売り競争によって、デフレスパイラルを起こしていたことです。終戦後、「主婦の店ダイエー」を創業した中内功氏が唱えた「安売り哲学」が広く信奉され、安く売るのは良いことだと信じられていました。小売業の人たちはダイエーを見習い、ひたすら安く売ることに専念していました。安売りは正義だったのです。

小売業が安く売るのは勝手ですが、それを卸売業とメーカーに値引き要求をするのです。小売のバイヤーは「値引きに応じないのならば、次から取引をしない」と言うくらいは当たり前で、「お前の会社の利益率は高すぎる。利益率を下げて、その分を値引きしろ」とまで要求します。こうなると優越的地位の濫用に思えます。

ある大手卸売会社の会長に聞いた話では、「給料が下がっても、安く商品を買えるのだから、いいだろう」と中内功氏に言われたということです。これは、従業員の給料を下げてでも、値引きをしろと言っているに他なりません。モノが安いから給料が下がっても大丈夫、給料が下がってもモノが安いから何とかなる。まさにデフレスパイラルです。

ダイエーは、プロ野球球団を買うなど積極拡大経営を展開しましたが、2000年前後に経営の悪化が表面化、2001年には中内功氏が退任、店舗の閉鎖や人員整理を行いました。これによって、ダイエーの元社員が流通業界に散らばりました。ダイエーから他の小売業に転職した人たちは、ダイエー流の値引き交渉を相変わらず続けたため、多くの小売業で厳しい値引き要求が展開されていました。当時、卸売業とメーカーの間

主婦の店ダイエー1号店（大阪千林店）1957年
ジャパンアーカイブズより

では「元D」と言って警戒していました。

「安売り哲学」は戦後の飢えた時代には意味のある考えだったのでしょうが、飽食の時代と言われるようになった1980年頃からは、まったく時代に合わない考え方になっていたのです。にもかかわらず、身を削ってでも安く売ろうとしていた流通業界の人たちの給料は長いこと安く抑えられていました。さらに、卸売業とメーカーの依頼で商品を運んでいる運送業も安給料を受け入れざるを得ませんでした。

コスト削減に頑張ったメーカー

メーカーも真面目に頑張っていました。前述のように取引の現場では、厳しいやり取りが行われていたのですが、メーカーも製造原価の削減には相当の努力をしていました。

一般社団法人・金融財政事情研究会（通称：きんざい）で講演をした時に、現在の液体の洗濯用洗剤を示して、「いくらだと思うか」と問い掛けたところ、「1000円ぐらいではないか」という反応でした。きんざいは全国の頭取と副頭取が会員という日本の金融経済世界の中枢の人たちの団体です。

一般消費財とは縁が薄いのでしょうか。金融経済世界の人たちは、1000円ほどと見たのです。実際は400円ぐらいなのです。40年前は500円ぐらいでした。粉の洗

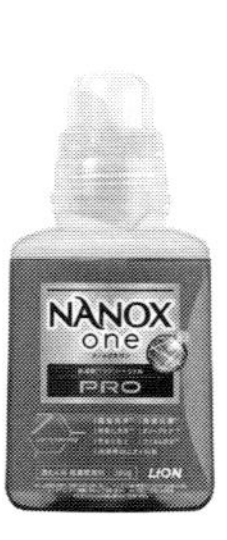

約400円の現在の液体洗剤

剤でカートンといわれるボール箱に入っていました。40年間で粉が液体になり品質も良くなり、おまけに環境にやさしい植物原料に代えています。なのに、５００円が４００円に値下がりしているのです。これこそ「物価の優等生」です。

約５００円だった粉の洗剤

消費者の節約術　合成の誤謬《ごびゅう》

さらに、消費者の間では安い給料で何とかやりくりする節約術が大流行でした。日本人にとって質素倹約は美徳ですから、デフレの定着に協力しているようなものです。日本国民がこぞって節約して貯蓄に励むと、乗数効果は効きません。

このように、個々の人たちが良かれと思って行動することが経済全体では良からぬ結果をもたらすことを「合成の誤謬」といいます。

世界の常識とは違う日本

やはり、日本は変わった国なのかもしれません。何しろ、ため込むのが好きなのです。家計も企業もたくさんため込んでいます。なぜ、ため込むかというと「危機に備えて」ため込んでいるということです。では、コロナウイルスによるパンデミックの時、まさに危機だったにもかかわらず、ため込んだものを放出したかというと、逆に貯金と内部留保を増やしたのです。

冒頭に書きましたが、アーサー・ピグーが唱えた「物価下落は現金預金などの資産価値を高め、その結果貯蓄を減少させ消費を増加させる」という「ピグー効果」は当てはまらないのです。日本人はデフレでもパンデミックでも貯金を取り崩さなかったのです。

一時評判になったきんさんぎんさんという双子の姉妹（成田きん、蟹江ぎん）がそろって100歳を迎えた時に、お祝い金を「老後のために、貯金する」と言っていたことを思い出します。

安売り哲学の影響

重厚長大産業あるいは金融業界の人たちは、「一介の商人が唱えた安売り哲学がそれほどまでに影響があるのか」とお考えかと思いますが、それがあるのです。日本の家計が支出する消費額の総額は約300兆円で、国内総生産の半分以上を占めているのです。また、給与所得者についても、半数以上が流通業とサービス業にいる人たちです。彼ら全員が安売り哲学を信奉、あるいはその影響を受けて安い給料で働いている人たちなのです。

プールの水の半分がデフレスパイラルという渦を巻いていたら、全体に影響が及ぶことは必至だと考えられます（国内経済プール論については後述します）。

安い日本

「安売り哲学」が受け入れられ、消費者の節約術も日本人の価値観に合うようです。メーカーにも、一生懸命コストダウンに努力をして、安いモノを作ろうという癖が染みついてしまったようです。

ドイツ人は良い自動車を造り、なるべく高く売ろうとしていますが、日本人は良い自動車を頑張って安く売ろうとしています。メルセデスベンツ、ＢＭＷ、アウディ、皆高級車です。日本には自動車メーカーが14社（日本自動車工業会）もありますが、トヨタのレクサス以外は車を安く売ろうとしている会社が多いようです。これが、ドイツと日本の生産性の違いとなっているのではないでしょうか。

もったいない日本のカイゼン

経済学者のヨーゼフ・Ａ・シュンペーター（１８８３～１９５０）はイノベーション

（革新）が経済を成長させると唱えました。

循環する経済に投資が行われると経済は拡大するのですが、イノベーションでも経済の拡大をもたらします。100個のパンを市場で毎日売っているという循環する市場に、パン屋が投資をしてパン焼き器をもう一台増やして150個のパンを売れれば、それは投資による経済の拡大です。パン屋が焼き方を工夫して120個作り売りに出せば、それはイノベーションによる経済成長です。

イノベーションには二面性があると思います。スティーブ・ジョブズのiPod、iPhone、日本のソニーのウォークマン、TOTOの温水洗浄便座などのイノベーションが新しい需要を生み出し成長しました。

一方、日本企業のカイゼンは需要を生み出していません。カイゼンも立派な創意工夫でイノベーションではあるのですが、カイゼンはコスト削減が大半で、需要創造に繋がらないことが多いようです。日本企業の生来の安売り好きによって、コスト削減分を利益にすることなく、売上減にしてしまうのです。

これも、世界への貢献かもしれませんが、国際競争の面では、損をしているように思えます。

ニューヨークのラーメンは3000円

ニューヨークのラーメンは3000円、マンションは軒並み数億円、中には数十億円から数百億円のマンションもたくさんあるということです。給料は日本の2倍から3倍になっています。ロンドンもパリもシンガポールも同じような水準となっています。

給料が安くても何とか暮らせる国・日本は、どうやら世界の中で独自の経済圏を作ってしまったようです。日本は、終戦後から今日まで、国民がこぞって節約し安くすることに専念した結果、世界とかけ離れた「安い国ニッポン」となってしまったのです。そして、気が付いたら日本だけが別世界になってしまいました。

長谷川慶太郎は「デフレとは平和の時の現象である」と言っていました。人気のある経済評論家だった長谷川慶太郎のこの指摘はなるほどと思わせます。この時代は、平和ボケと言われていた時代ですから、日本人全員が良かれと思って努力を続けて、あらゆる商品やサービスを安く提供する経済構造を作ってしまったのでしょう。

特別な経済圏・ニセコ

デフレ国家・日本の中に独特の経済圏が生まれています。

北海道のニセコには、多くの外国人が住み着き、たくさんの外国人観光客がやってきています。ニセコでは、ラーメンが３０００円、ホテル代は10万円、そこで働く日本人従業員は高給をもらっているそうです。

以前から中華街やコリアンタウンのような、特別な街はありますが、これらは中国や朝鮮が貧しかった時代に、日本に住み着き独自の街を作ったのです。しかし、ニセコの場合は、日本より豊かになった国の人が、安い国ニッポンの中に自分たちの世界を築き、自分たちの常識で経済を回し始めたのです。今後も、ニセコのように日本列島の一部を囲い込むような別世界が増えるのではないかと思われます。

問屋無用論

ところで、「安売り哲学」の他にも、もう一つ間違った考えがまかり通っていたのです。それは「問屋無用論」です。東京大学の林周二教授が１９６２年に著した『流通革命』

という本で、中間流通業である卸店の存在を否定し、いずれなくなると唱えたのです。

終戦後、「主婦の店ダイエー」をはじめとする新しい小売業態のスーパーが次々と店舗を増やし、大量仕入大量販売を始めました。ダイエー以外にも多くのスーパーマーケットが登場し、小売業の大規模化が急速に進みました。林教授は、これに目を奪われ、古くからある問屋を、近代化に乗り遅れている前世紀の遺物のような存在と思い込んでしまったのでしょう。商品を右から左に売りさばき、眠り口銭（従来の商慣習で手数料もらうこと）を稼ぐ中間搾取そのもののように目に映ったものと思われます。

以下に、林教授の『流通革命』の一節を紹介します。

「問屋滅亡論は、今日の問屋そのものが自動的に滅亡するという安易な論としてではなく、滅亡させるべきであるという政策論の意味で著者は賛意を表する。」

（中略）

「有力メーカーや進歩的小売商たちは、問屋を疎《うと》んずる傾向がとみに顕著になり、焦燥感に駆られた問屋側も、問屋連盟などの名で「問屋無用論に反駁《はんばく》する」などという憂さ晴らしの声明文（これらの内容は、今日の問屋経営者の頭脳レベルを反映して、論理の貧弱なものが多い。）を発表する有様である。」（原文のまま）

完全に上から目線で、東大教授が商人を蔑《さげ》んでいる構図そのままです。

士農工商といわれたように、商人とは卑しいものであると思っている人が昭和の時代にはまだ多くいたのです。役人、教師、医者、技術者、運送業、農民、芸術家などが社会を担っていて、商人は何も作り出さずに売買差益だけを稼ぐ、必要のないモノのように思われていました。流通業ではない人たちの大半が「問屋無用論」を受け入れていたと言っていいと思います。

流通業界の人たちは、何かおかしいと思いつつも、反論できないでいました。

21世紀になってからは、林教授は問屋無用論に言及しなくなりました。林教授の授業を受けていたという明治大学の佐々木聡教授が、林教授にこの件を質問したところ言葉を濁していたということです。佐々木教授は卸売業の経営史を研究していて、多くの論文を発表していますので、林教授のコメントが欲しかったのだと思います。林教授も反省していたのかもしれません。

２０１０年頃には、「問屋無用論」に疑問を呈する人が現れました。菱食(現・三菱食品)の中興の祖といわれている廣田正社長（当時）も、講演で控えめな表現ながら「問屋無用論」にはショックを受けたと言っています。

マーガレット・ホールの「取引回数最小化の原理」

林教授のこの指摘は、流通を1対1でしか見ていない完全に間違った指摘です。

流通は複数対複数なのです。

1対1の取引では、間に中間業者がいればコスト高になりますが、複数対複数の取引では中間結節点としての中間業者がいたほうが社会的な合理性が増します。これは、マーガレット・ホールの「取引回数最小化の原理」（1948年）が指摘しているところです。図では、メーカーが5、小売店が5となっていて、取引回数は25対10となっていますが、日本には消費財メーカーが10万社、小売店は100万店ありますので、その差は1000億回対110万回と圧倒的に卸店を介した方が合理的です。

このように、社会的な構造として卸店があったほうが合理性が高いのですが、さらに、消費財メーカーから見た流通コストを計算してみると、次のようになります。

まず、1000店の小売店に商品を直接売る場合、通信費・伝票代・物流費・代金回収費合わせて、500円とします。次に、卸店を介した場合、卸店との取引は大量の商品を大型トラックで運びますから、10万円とします。そして、卸店と小売店との取引コストは100円とします。というのは、多くのメーカーの商品をまとめて注文を受け、配送し、代金の回収もしますから、1メーカーのコストとしては大幅に安くなります。

計算すると、直接取引では、50万円（1000店×500円）、卸店流通では20万円（10万円＋1000店×100円）となります。卸店を介した取引のほうが安くなります（仮の数字はいずれも控えめに見積もっています）。

マーガレット・ホールの取引回数最小化の原理

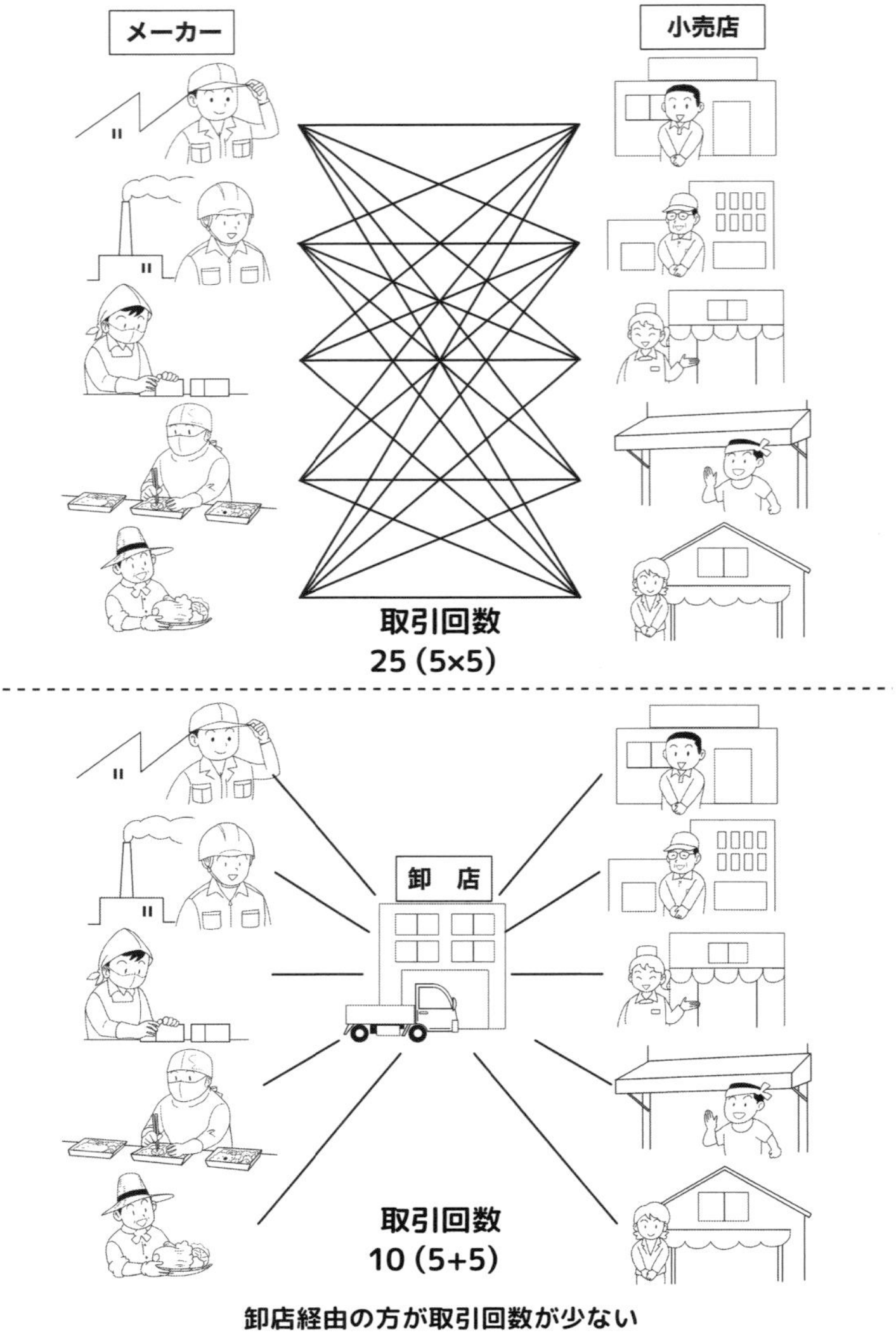

卸店経由の方が取引回数が少ない

直接販売と卸売経由の販売コスト比較

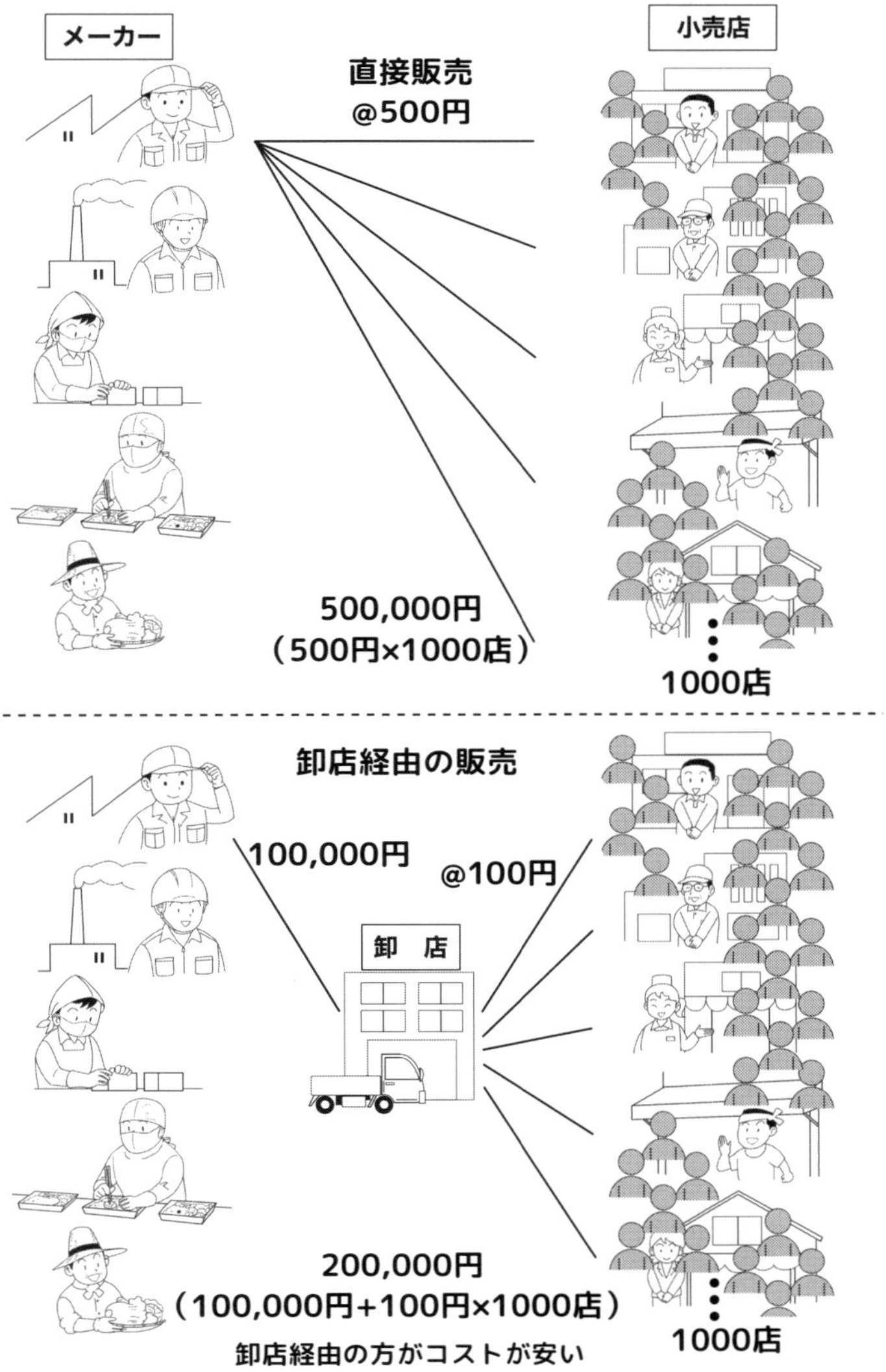

問屋有用論

私は、このような説明を〝「問屋有用論」の数学的証明〟と称して、本を書いたり、雑誌にもたびたび投稿したりしていましたが、残念ながらあまり広がっていません。

日本では、日本アクセス、三菱食品、国分、PALTAC、あらた、など大きく成長した卸店がたくさんあります。しかし、これらの会社の名前を知らない人が多いと思います。卸店があまり知られていないのは、マスコミ嫌いの卸店が多いからかもしれません。

オイルショックの時に、トイレットペーパーや洗剤が不足すると風評が立ち、パニックが起こり、小売店頭からトイレットペーパーや洗剤がなくなってしまったことがありました。その時に、テレビ局が卸店の中央物産（東京都港区南青山）の倉庫を撮影し、そこにあった通常の在庫の10分の1ほどの洗剤の山を撮影して、売り惜しみをしていると報じたことがありました。マスコミは、中間で売買差益を稼ぐだけの悪徳商人で社会的に無用な存在という認識を持って取材をしていたようです。林周二の問屋無用論の本『流通革命』出版から11年後でした。

現在でも、卸店は無用な存在と思っている記者によって、先入観を持って記事を書かれてしまうことを恐れて、取材拒否をする卸店が多いようです。

というわけですが、卸店は目立たない存在でありながら、社会的に必要不可欠であるため、着実に成長して立派な会社になっています。先に掲げた日本アクセス、三菱食品、国分、PALTAC、あらたなどは一兆円以上の売上を上げる立派な会社となっています。

もし、読者の皆さんが、これらの卸店の株を買っていれば、2倍から4倍の値上がり益を得ていたことでしょう。株式市場とは、世間の風評に惑わされずに、真実を反映するようです。

アベノミクス

さて、話を元に戻します。効果が薄くなっているのにケインズ流の財政投融資を長年続けてしまった日本政府の経済政策を、大転換させたのは安倍晋三総理でした。

ケインズ流の財政投融資一辺倒だった日本政府の政策をシカゴ学派の neo-liberalism のマネタリズム政策に代えようとしたのです。当時、予算委員会で舛添要一氏が「新しい経済学に基づいた経済政策に変えるべきだ」と発言していましたが、ケインズ経済学からマネタリズム経済学への転換をするべきということです。

安倍総理は、旧来の政策にこだわる日本銀行の白川方明総裁を黒田東彦総裁に入れ替え、貨幣の供給を一挙に増加させ、デフレ脱却を図ったのです。

黒田総裁は「異次元の金融緩和」と称して、金利を下げて、市中への資金供給を大幅に増やしました。これによって、民間の投資が若干増えたものの、景気を大きく上昇させるほどではありませんでした。しかし、株価は上がりました。日本もようやく世界の経済学に合った政策を始めたと認めた海外の投資家が日本株を買うようになったからだと考えられます。

安倍総理の経済政策「アベノミクス」では、三本の矢として次の三つを掲げました。

- 大胆な金融政策
- 機動的な財政政策
- 民間投資を喚起する成長戦略

これらを経済学的に仕分けると、

- 大胆な金融政策は　⇓マネタリズム的政策
- 機動的な財政政策は　⇓ケインズ的政策
- 民間投資を喚起する成長戦略は　⇓シュンペーター的政策

であると思われます。

それなりに整理された政策だったと思いますが、肝心のデフレ対策については、残念ながら給料が増えなかったため、デフレ脱却とはなりませんでした。安倍総理は、経団連と経済同友会を訪ねて、給料を上げるように依頼しましたが、反応は芳しくありませんでした。本来ならば労働者の給料を上げようと運動するのは社会主義系の政党のやるべきことなのですが、自由民主党の総裁が給料を上げるようにと動くのは奇妙なことです。

アメリカの黄金時代を築いたのは、民主党による労働組合の育成だったのです。前述しましたが、民主党のルーズベルト大統領以降、共和党のレーガン大統領が登場するまでの約50年間、民主党優勢の時代が続いていました。その間、民主党は支持基盤である労働組合の育成に力を入れた結果、分厚い中間層が形成され、アメリカの国力は最高潮を迎えたのです。格差の少ないこの時代をThe Great Depression（大恐慌）をもじってThe Great Compression（大圧縮）の時代といわれています。

アベノミクスでは給料が上がらなかったために、デフレスパイラルから脱却することはできなかったわけですが、もう一つ残念だったことは、消費税を上げたことです。これでブレーキがかかってしまいました。財務省の影響だったのでしょうか。

インバウンド効果

2020年に菅義偉内閣が発足した時には、インバウンドという神風が吹きました。菅総理は、自分が官房長官の時に、免税店を増やすなどの観光客誘致政策を展開したためだと自慢していました。もう一つ、菅総理は「ふるさと納税」についても自慢していました。

ともかく、外国人観光客が急速に増加しました。ホテルと旅館は潤い、ドラッグストアには中国人が押しかけて来て爆買いをしていました。日本経済は活況を呈し始めたのですが、長くは続かずにコロナウイルスによる世界的なパンデミックによって、振り出しに戻ってしまいました。

デフレ脱却に一歩動きだした岸田内閣

2021年に岸田文雄内閣が発足し、岸田総理も賃金のアップが必要だと、経団連などの経営者団体に赴き、賃上げのお願いをしたところ、今度は、経営者側が応じて、賃上げが始まりました。コロナ禍が明けた2023年4月の給料日に30年ぶりに約4％の給与所得アップが実現、6月のボーナスも上がりました。2024年春も大幅なアップを実現しました。特に、初任給は3万~5万円も上がりました。経営者が賃上げに応じたのは、内部留保が溜まっていたことと人手不足が背景にあったためと思われます。

一方、ロシアによるウクライナ侵攻などで、世界的に物価が上昇し、日本でも多くの生活必需品が値上げされました。消費者による節約が進んでいますが、徐々に値上げが受容され、一段高い循環に上がるものと期待できます。ともかく、給料が下がり物価も下がるというデフレ循環から、給料が上がり物価も上がるというインフレ循環に転換する明らかな兆しが見えてきました。

適度なインフレが経済成長を促す

日本は、日銀の黒田総裁以来、インフレ目標を2%としています。アメリカでは、日本より高めの3%のインフレ目標を設定しています。

「フィッシャーの法則」という「期待通りにインフレが進むと、実質金利が下がり、資金調達がしやすくなり、投資が進む」という理論があります。アメリカの経済学者アービング・フィッシャー（1867~1947）が導き出した理論で、「名目金利＝実質金利＋期待インフレ率」という式で表されます。

フィッシャーの法則

名目金利＝実質金利＋期待インフレ率

名目金利が一定ならば期待インフレ率を持続的に高めていくことが実質金利を下げる

効果として働き、経済活動が活性化されることで景気回復へ向かうとされています。つまり、この理論で言えば、ある程度物価が上がると、実質金利が下がり、経済成長するということなのです。逆に言えば、金利が上がると、インフレが抑えられるということです。

2021年から欧米では、金利を上げて、インフレ抑制を図っていますが、この理論に基づいています。日本は、欧米とは違って金融緩和政策を継続しています。

お国の物価統計の問題点

日本も黒田総裁以降インフレ目標を掲げ、経済成長を期待していたのですが、その達成の程度を見るために総務省の物価統計が尺度になっています。しかし、日本の物価統計の調査の仕方には問題があると思われます。

デフレの間、消費財メーカーは何とか単価を上げようと、「プレミアム戦略」を始めました。先鞭をつけたのはビール業界でした。「プレミアム＊＊」と銘打って少し高めの商品を売り出し、全体の単価アップを図りました。この「プレミアム戦略」は一般消費財業界全体で展開され、ある程度の単価アップが進みました。デフレ下でも価格アップに成功しているのです。

ところが、この状況を日本の政府当局による物価統計では把握できていないのです。日用品でも、「プレミアム戦略」は展開されていて、資生堂や花王をはじめとするシャンプーメーカーは、様々な差別化商品を開発して高めの価格をつけていました。その結果、日本化粧品工業会が集計した統計ではシャンプーの出荷トン数の前年比に対して出荷金額は2％ほど上回っていました。つまり、「プレミアム戦略」は成功し、シャンプーというカテゴリーの価格は上がっていたのです。しかし、政府の物価統計では、シャンプーの物価は下がっているのです。なぜそのようなことになるのでしょうか。

それは、政府の物価統計では、シャンプーの代表的銘柄を観察対象とし、その小売販売価格を調査して、それをもってシャンプーの物価としているのです。代表的銘柄とは汎用の普及品ですから、小売店頭では安売り対象となり、安い価格になってしまいます。

アベノミクスでは、インフレ目標2％となっていましたが、政府の統計では、一向に物価が上がっていないとなっていました。安倍総理と黒田総裁のインフレ目標は、少しは進んでいたかもしれないのに、まったく進んでいないと評価されてしまったのは、少々お気の毒なことだったかなと思います。

日本の財政赤字

日本の財政赤字はＧＤＰ（国内総生産）の2倍以上に積み上がっています。これだけ、政府の財政赤字が増えると、いずれ破綻すると30年も前から論じられてきました。財政当局は、このままだと「子孫に借金を残すことになる」と言って、財政赤字の縮減を訴えています。しかし、この説明は詭弁《きべん》としか思えません。日本の国債の大半は日本人が保有していますから、子孫には債権が残るのであって、債務（借金）が残るのではありません。

危機を唱える人は、いずれ国債が売れなくなり、金利が高騰し、ハイパーインフレになり、国は大幅な緊縮予算を組まざるを得なくなると言っています。

しかし、まったく破綻する気配がありません。国債は毎回完売、金利も上がっていません。日本国債を買っているのは大半が国内の銀行などで､海外の購入者はわずかです。多分、日本の国債は金利が安いのでうまみがないのでしょう。

なぜ、日本の財政破綻は起こらないのか

では、なぜ日本の財政は破綻しないのでしょうか。

日本国には保有する資産がたくさんあるから大丈夫だという理由付けをする人もいます。元財務省にいた経済学者・数量政策学者の高橋洋一嘉悦大学教授は、在任中に日本国のバランスシートを初めて作成し、国の債務に対して十分な資産があることを示しました。しかし、国の資産の大半は国有地など現金化できないものが多いため、あまり意味がないと批判する人もいます。

国家の資産ではありませんが、日本人の家計の貯蓄が２０００兆円を超え、企業の内部留保も５５０兆円に達しています。これを海外から見ると、ＧＤＰの４倍以上の蓄積があるのですから、ダントツに豊かな国に見えます。さらに、日本は世界一の対外債権保有国です。１３００兆円以上あります。一方、日本国債は大半を日本国民が保有していて海外に対する債務とはなっていません。したがって、海外の人は、日本国の財政に問題が発生しても、国全体で十分に解決可能だと見ているに違いありません。

ＭＭＴ 新しい貨幣の理論

日本はコロナ対策と物価高対策で財政赤字をさらに増やしていますので、やはりいつかは破綻するのではないかと心配する人はいます。

ところが、アメリカの経済学者ランダル・レイとステファニー・ケルトンなどの学者が、貨幣を発行できる国家は、いくらでも貨幣を発行でき、財政赤字で破綻することはないという「ＭＭＴ(Modern Monetary Theory：現代貨幣理論)」を唱え始めました。

従来の経済学では、貨幣は人々が信用して対価として受け取るから交換機能を果たしていると論じられていました。しかし、ＭＭＴでは、「国家が税金として自国の貨幣を受け取るから、人々は手に入れようとするため通用する」と説明しています。つまり、税金や罰金あるいは国家サービスの利用代金として貨幣が使えるということが、紙切れが通用している理由だというわけです。まさに、目からうろこの説明です。

ただし、ＭＭＴが成り立つには、その貨幣が世界で通用する貨幣でなければなりません。世界で通用する貨幣は、ドル、ユーロと円です。円の札束をアジアに持っていって差し出せば、喜んで受け取ってくれます。アメリカでも銀行に持っていけば通用します。さらに、偽札がもっとも少ない貨幣は日本円です。世界では毎日のように偽札事件が起こっていますが、日本ではめったに偽札は出てきません。

どうやら、日本はＭＭＴが当てはまるようです。

今、ＭＭＴの唱えていることを真剣に検討して、今日の貨幣とはどのようなものであるか、見極めをつけなければならない時に来ているように思います。

では、これから日本はどうなのでしょうか。日本の未来については、最終章で詳しく論じてみたいと思います。

第四章

格差の問題　I（国家間の格差）

植民地支配が、国家間の格差を生み出した

第一章で書きましたが、国家間の格差は産業革命から始まり、そして、産業革命に成功した国による植民地支配によって固定化されてしまったように見えます。

イギリスの経済学者デヴィッド・リカードは、国際貿易においてお互いが得意の産品を作り、相互に貿易をすれば、双方にメリットがあると唱えていました。しかし、時間の経過を加えて考察すると、一次産品しか作れない発展途上国と二次産品を作れる先進国との差は縮むことはありません。また、20世紀半ば以降においては、シカゴ学派のフリードマン流のneo-liberalismは発展途上国には弊害のある経済政策だったことも、すでに述べた通りです。

ドイツ経済学者フリードリヒ・リストが批判したように、イギリスとアメリカの経済学は宗主国の目線で論じられていたように思われます。

植民地と宗主国との大きな格差

初期の植民地獲得競争時代は、まったくの人種差別そのもので、産物を収奪するだけ

でなく、住民を捕まえて奴隷として売ることは当たり前に行われていました。アフリカ大陸はほぼ全土がヨーロッパ諸国によって植民地にされ、原住民は捕えられ、奴隷船に乗せられ北アメリカの農場に売られていきました。

競い合って植民地を広げたのは一歩先んじて産業革命に成功したヨーロッパとアメリカで白人のキリスト教徒です。

『旧約聖書』の「ノアの方舟《はこぶね》」は、選民意識の始まり

キリスト教の経典『旧約聖書』を読むと、差別の源流があるように思えます。『旧約聖書』には、「選ばれた民」という言葉が繰り返し何度も出てきます。中でも、神によって選ばれたノアの一族が方舟に乗って生き残り、ノアの子孫が地球上に広がったということは、まさに選民意識の源です。

人類学では、コーカソイド（白人）、モンゴロイド（黄色人種）、ネグロイド（黒人）、オーストラロイド（アボリジニーなど）に人種を大別しています。コーカソイドはコーカサス地方を発祥の地とする人たちで、コーカサス地方にはノアの方舟が漂着したと聖書に記されているアララト山がそびえています。産業革命で先んじて進歩したのは西ヨーロッパとアメリカに住んでいたコーカソイドで、いわゆるアングロサクソンです。

コーカサス地方にそびえるアララト山（標高5137m）

黒人と初めて出会ったスペイン人

大航海時代の初めに、スペイン人がアフリカで黒人と初めて出会い、彼らは動物なのか人間なのか迷い、カトリックの総本山バチカンのローマ教皇に問い合わせをしたということです。アフリカの中南部のネグロイドは、褐色の肌ではなく、漆黒の肌の色をしています。

ローマ教皇は衣服を身に着け言葉をしゃべるのであれば人間であると回答したそうです。スペイン人は黒人を動物として狩猟の対象にはしなかったものの、捕獲して奴隷として売ることにしました。ネグロイドが殺戮《さつりく》に遭わずに済んだのは、スペイン人がキリスト教徒であったことが少しは幸いだったのかもしれませんが、黒人たちは奴隷にされてしまいました。

1533年には、スペイン人がインカ帝国に攻め入り、滅ぼしてしまうのですが、彼らはインカの黄金（Gold）を収奪できさえすればいいと考えていたようです。殺戮の限りを尽くし、王を人質に黄金を供出させたのですが、黄金も奪い王も殺してしまいました。

「大発見時代」

マゼランやコロンブスの時代を、我われ日本人は「大航海時代」と認識していますが、ヨーロッパ人は「大発見時代」と呼んでいたそうです。新航路や新大陸が次々と発見された時代に、ヨーロッパ諸国は、それをどのように分け合うかを取り決めていました。１４９４年に、スペインとポルトガルが南アメリカをどのように分け合うかを取り決めた「トルデシリャス条約」を結びましたが、これ以外にも多くの取り決めが行われていました。自分たちは優越的な人間であるという意識があったからこそ、原住民を無視した地

欧米人の目線

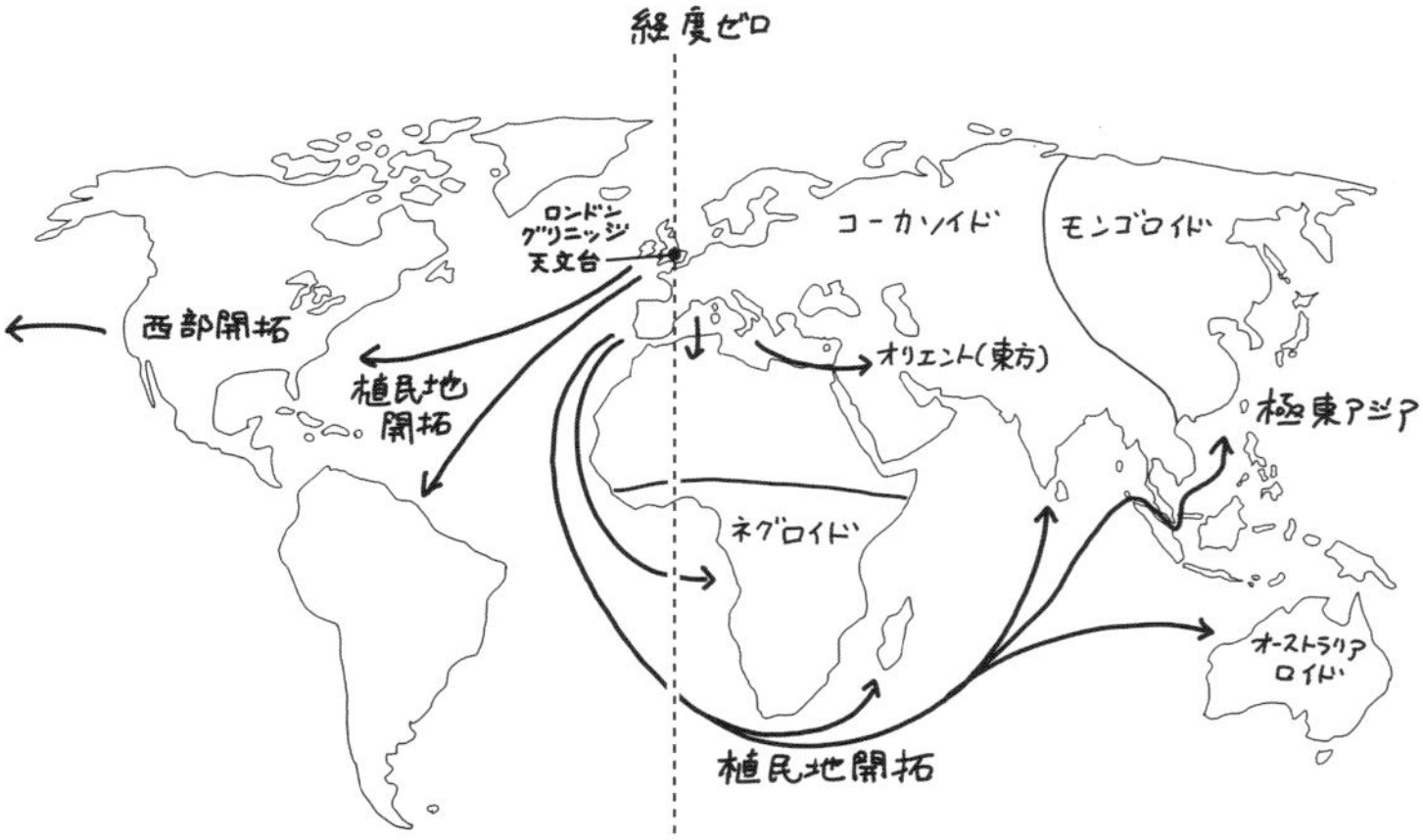

球を分け合うような取り決めを当たり前に行っていたのです。

こうした取り決めは緯度と経度で直線状に分割していたため、現在でもアフリカと中東と南アジアに直線状の国境線が多く残っています。

欧米人の植民地経営

インドを植民地にしたイギリス人は、紅茶、胡椒、綿花などの農場を作り、そこで現地人を働かせました。アメリカ大陸では原住民のアメリカインディアンを討伐しながら西部へと開拓を進めました。進出を果たした地には綿花の農場を作ったのですが、抵抗するアメリカインディアンは労働力とすることができなかったため、アフリカから黒人を奴隷として輸入して働かせたのです。

植民地からの移住の増加　そして難民

第二次世界大戦後の１９４７年にインドがイギリスから独立したことをはじめとして多くの植民地が独立しました。しかし、旧植民地の人たちには貧しさが残り、豊かな生活を求めて、旧宗主国に移住を始めました。なぜなら、イギリスの植民地であったインドの人は英語をしゃべれますから、イギリスあるいはアメリカをめざします。フランスの植民地だったアフリカの人たちはフランスをめざしています。

20世紀には、ニューヨークが人種のるつぼといわれていましたが、今日のロンドンもイギリス人は少なく、色の黒い人が目立ちます。イギリスの前首相はインド系のリン・スナク氏でした。フランスのパリも肌の色が違う人がたくさんいます。フランスのスポーツチームにはフランス人らしい人はほとんどいないように見えます。

このように飛行機代を払える人は、良い暮らしを求めてすでに先進国に移住をしています。そうでない人が徒歩や粗末な船を使って、旧宗主国をめざして移動をしています。これが、今日の難民問題となっているわけです。

いわば、植民地時代の報いが宗主国を襲っているという構造のように思えます。

ドイツの右翼政党は、移民・難民をアフリカに土地を用意して移住させる計画を検討しています。かつて、ヒットラーのナチスがマダガスカルにユダヤ人数百万人を移送する計画を進めていたことを思い出させます。

植民地経営の差

植民地にされてしまった国は、なかなか先進国にはなれないのですが、植民地だった国で機械文明に適合して先進国になったのは台湾と韓国です。

その違いは、何なのでしょうか。

台湾と韓国は日本の植民地だったのですが、その他は欧米人（アングロサクソン）による植民地で、それぞれの植民地経営の違いによるものだと思われます。日本の植民地経営の考え方は開拓だったのですが、欧米のそれは簒奪《さんだつ》して搾取するというものだったからだと考えられます。

日本は開拓をめざし、教育を施し産業を育成しようとしました。台湾にも韓国にも学校を建て、師範学校まで作ったのです。私の少ない経験ですが、「日本が師範学校を建てて台湾人の教師を育て、教育制度を整備してくれた。日本のおかげで台湾人の読み書きのできない人がいなくなった」と台湾の人に言われたことがあります。

さらに、日本は道路を造り、堤防や灌漑施設も整備し、道路も鉄道も敷設したのです。その結果、台湾も韓国も先進国となったものと考えられます。したがって、西ヨーロッパとアメリカを悩ませている難民問題は、日本では起こっていません。

このような日本流の植民地経営によって、台湾には日本に感謝し親日的な人が多いのですが、韓国は親日的にはなっていません。それは、韓国は日本よりも上であるとの意識が古代からあるからだと思われます。奈良時代から、中国の文化や技術が韓国経由で日本に伝わっていたため、日本人自身も韓国には一目置いていました。にもかかわらず、産業の近代化で一歩先んじた日本によって植民地にされたことを、韓国人は納得できなかったものと思われます。

ユダヤ教とキリスト教とイスラム教

宗教が人類に与えた影響について、もう少し考察したいと思います。

『旧約聖書』はキリスト教の経典と思っている人が多いかもしれませんが、元々は『旧約聖書』はユダヤ教の経典で、タナフと呼ばれています。キリスト教が起こった後に、そのタナフを『旧約聖書』と呼ぶようになったのです。したがって、タナフと『旧約聖書』はほぼ同じ内容です。そして、1世紀にイエス・キリストが誕生してからは、その弟子たちがキリストの行状をまとめたのが『新約聖書』です。『新約聖書』はキリスト教だけの経典です。

キリストの誕生から600年ほど後の7世紀に、マホメッドがイスラム教を起こしたのです。イスラム教の経典はコーランですが、創世記など旧約聖書と同様な内容が多く含まれています。また、キリスト教は異端であるとして、イエス・キリストは神ではないと書かれています。

イスラム教は、キリスト教より600年も後にできたにもかかわらず、女性に教育は必要ない、一日に5回礼拝をしなければならない、ラマダンという断食がある、酒を飲んではならない、豚肉を食べてはならない、鱗のない魚を食べてはならない、などなど、現代経済社会に適合できない戒律が多くあります。

キリスト教は世界に影響を与えている

東洋人の我われには関係がないと思っているかもしれませんが、『旧約聖書』は文明国すべてに影響を与えているのです。月曜日から日曜日の曜日は、『旧約聖書』の創世記に基づいています。神は1日目に天と地を、2日目には空を、3日目には陸と海を作り、(中略) そして7日目は安息日としたと書いてあります。これによって、我われは7日間を1週間として暮らしているのです。また、西暦はキリストの生まれた年が元年となっています。

さらに、『モーゼの十戒』に〝我を唯一の天主として礼拝すべし。汝《なんじ》、安息日を聖とすべし。汝、殺すなかれ。汝、盗むなかれ。汝、姦淫《かんいん》するなかれ。汝、偽証するなかれ。……などとありますが、これは各国の刑法の源になっています。

一神教は戦争が好きなのか

さて、これらの宗教はチグリス・ユーフラテス流域から地中海までのいわゆる中東世界で誕生しています。この地域は古代から、民族あるいは部族間の争いが頻発していました。いまだに中東の争いは収束しません。中東の宗教がいずれも一神教ですから、一神教は戦争好きなのだという人もいます。

しかし、一神教が戦争好きなのではなく、戦争をたびたび行っているうちに一神教になるのだという見方もあります。アメリカの宗教学者レザー・アスランが提示している見方ですが、争いの中で「我が一族の神がいちばん強いのだ」と主張を繰り返しているうちに、次第に一神教になるというのです。どちらが正しいのかはわかりませんが、この三つの宗教の間では、争いが収まりません。どちらかといえば、近しい者同士のほうが争いが多いようです。

イスラエルの戦争

2023年にイスラエルとパレスチナで戦争が起こりましたが、遠く原因をたどると、

『旧約聖書』に記されている神がユダヤ人に与えたという「約束の地」カナン（今のパレスチナ地方）から始まっています。神が約束してくれたカナンの地をめざして、モーゼがエジプトで虐げられていた多くのユダヤ人を引き連れてエジプトを脱出したことは『旧約聖書』の「出エジプト記」に書かれています。そして、モーゼ一行は〝乳と蜂蜜が流れる〟という豊穣の地カナンにたどり着きます。その地で、ダビデ王とソロモン王（紀元前10世紀頃）によってユダヤ人の王国が築かれるのですが、異民族アッシリアなどに攻め込まれてユダヤの民はカナンを追われ世界に散ります。それから、２５００年もの間、ユダヤ人は自分たちの国を持てずに、世界各地で差別されながら暮らします。

その後のパレスチナは、ギリシャ、ローマ帝国、オスマントルコと次々と支配者が替わり、11世紀頃にはキリスト教徒が十字軍を派遣して奪還を試みています。

18世紀になって、オスマントルコが弱体化し、パレスチナは大英帝国の統治下に置かれていました。世界に植民地を有していたイギリスも第一次大戦時には戦費に窮し、ユダヤの大富豪ロスチャイルドに資金を求めたため、イギリスはユダヤ人がパレスチナに入植することを認めたのです。

そして、20世紀の半ばの第二次世界大戦のときには、ドイツのアドルフ・ヒットラーのナチスがユダヤ人を劣等民族として大量虐殺を始めます。いわゆるホロコーストで、ナチスはユダヤ人６００万人をガス室で殺したのです。これを逃れるために多くのユダヤ人がドイツから逃げ出しました。そのうち100万人ほどが、3000年も前に神が約束してくれたというカナン（パレスチナ）に渡り暮らし始めたのです。そして、1945年に第二次世界大戦が終わると、国連がパレスチナにユダヤ人の国イスラエルを建国することを認めました。わずか3年ほどで600万人もナチスに殺されたユダヤ人に対する贖罪《しょくざい》の気持ちがあったのかもしれません。しかし、第二次大戦時に資金不足に陥っていたイギリスが、ユダヤの富豪ロスチャイルドから資金援助を受けていたことが、イギリスをしてユダヤの建国を認めさせることになったというほうが現実的な理解だと思います。

国連が認めたと言っても、イスラム教徒が住んでいたパレスチナに、この地は3千年前に神がユダヤ人に約束してくれた「約束の地」カナンであるといってユダヤ人が入ってきて国を作り始めたわけですから、争いが起こるのは当然です。1948年のイスラエル建国以来、周辺のイスラム諸国と少なくとも5回以上戦争をしています。

それにしても、ヨーロッパと中東の歴史のすさまじさには、圧倒されます。

キリスト教は世界を救ったのか

ヨーロッパの思想と文化は、キリスト教の影響を強く受けています。

「汝の隣人を愛せよ」と博愛主義を唱えたキリスト教が先進諸国の主流になっていることは幸いだったと思います。「目には目を、歯には歯を」というハンムラビ法典の流れを保持しているイスラム教徒やユダヤ教徒が、もし先行して産業革命に成功し多くの植民地を持つ宗主国になっていたら、地球はもっと悲惨なことになっていたかもしれません。

また、そのキリスト教（旧教＝カトリック）も、中世になると免罪符を発行して金集めを始めるなど、腐敗が見られたため、マルティン・ルター（1483～1546）が宗教改革を進めプロテスタント（新教）を起こします。新教は勤勉を勧めたため、その後に起こった資本主義社会との相性が良く、プロテスタント国は経済発展が進みました。旧教（カトリック）を批判し、新教（プロテスタント）を起こしたルターは、キリスト教を少し良くしてくれたのかもしれません。

プロテスタントは資本主義に適している

ドイツの社会学者マックス・ウェーバー（1864～1920）は、有名な著書『プロテスタンティズムの倫理と資本主義の精神』で、「プロテスタントの勤勉さが経済発展をもたらす」と述べています。自分の職業を神から与えられた仕事、すなわち天職として勤勉に働き、ある程度の収入を得ると、自分は救われたと考えるというプロテスタントの倫理観が資本主義の構造を支えたと記されています。

現代のキリスト教の問題

ルターによって改革が進んだ新教(プロテスタント)は現代社会に適合するようになったとは思いますが、問題がないわけではありません。

旧教(カトリック)の神父は生涯独身を通しますが、ブドウ酒を飲むことは許されていたため、アルコール依存症になる人が多く、それを見たルターは禁酒するべきと考えた一方で、妻帯はするべきとしました。新教(プロテスタント)の牧師は、結婚して子どもをもうけるわけですが、これが一部で弊害を起こしています。それは、牧師職が世襲されることが増え、3代目4代目になると、かなり劣化してしまうことがあるためです。韓国では世界基督教統一神霊協会などキリスト教系の団体が問題を起こしています。

イエス・キリストはユダヤ教から博愛主義のキリスト教を起こし、広く社会への適合を進めました。ルターもキリスト教を少し改良したのだと思います。しかし、人間のやることは何かと副作用的な問題を起こしてしまうようです。

自然は神が創ったという一神教
自然には神が宿っているという多神教

世界の宗教のうち、『旧約聖書』を共通の経典とするユダヤ教、キリスト教、イスラム教だけが一神教で、仏教もゾロアスター教も日本の神道も多神教です。ギリシャ神話でも多くの神々が登場します。やはり、多神教あるいは汎神《はんしん》教のほうが自然な感じがします。

また、この三つの一神教では、神は創造主で天地創造をしたことになっています。ユダヤ教のタナフにもイスラム教のコーランにも『旧約聖書』にも「創世記」が載っていて、神が天地を創ったと書かれています。

これら三つの一神教以外の多神教の宗教では、神は自然界に宿るとされています。つまり、一神教では、神が天地創造をしたのだから自然は神の下に位置し、その他の多神教の宗教では自然界は神と同等に位置することになります。

このように考えると、一神教の優位性の意識は多神教より強いと思われます。

神によって天地創造が行われたと記されている創世記を信じている人たちは、神の作った自然に手を加えることに恐れを感じませんが、自然に神が宿っていると考える多神教あるいは汎神教は自然に人の手を加えることに恐れを感じます。日本では山の木を切り倒す時に神事を行います。動物を狩るときも海で漁をするときも　神に祈ります。

　創世記を信じている一神教の信徒たちが地球を支配すると、ますます地球環境の破壊が進んでしまうのではないかと、心配です。

第五章

格差の問題 Ⅱ（国内の格差）

イギリスの階級社会

日本のマーケティングの先駆者の一人、一橋大学の田内幸一教授は、ヨーロッパへの留学経験があり、「イギリスでは、大学教授と港湾労働者とが喧嘩をすれば大学教授が勝つ」とよく言っていました。何世代も上流社会で育った人は良いものを食べ、スポーツで体を鍛えていますが、港湾労働者は粗末な食事をして重労働に従事していたため、体つきからして違うということです。前者は背が高く俊敏であるのに対して、後者は背が低くずんぐりしています。そのため、田内教授は「喧嘩をしたら上流社会の大学教授が勝つ」と言ったのです。イギリスには国王がいますし、貴族もいます。したがって、今でも階級社会です。

マイ・フェア・レディが描く階級社会

「マイ・フェア・レディ」をミュージカルあるいは映画で、ご覧になった方も多いと思いますが、明らかな階級社会を背景にした物語です。下層階級の花売り娘のイライザを大学教授のヒギンズがしゃべり方の訓練をして上流社会にデビューさせようというストーリーです。映画ではオードリー・ヘプバーンが演じるイライザは下層階級の言葉・コックニー訛《なま》りでしゃべります。それをヒギンズ教授が言葉遣いの訓練をし、訛りを直して、上流階級のパーティーに連れていきます。その様子が面白おかしく演じられています。イライザの父親も登場しますが、労働者階級を象徴する背が低くずんぐりした体形です。それに対してヒギンズ教授は背が高く姿勢の良い紳士です。

「マイ・フェア・レディ」の原作者はバーナード・ショー（1856~1950）ですが、バーナード・ショーが最初につけた題名は「ピグマリオン」でした。ピグマリオンとはギリシャ神話の王様の名前です。ピグマリオン王が自ら彫った女性像に恋をしてしまい、神に祈ったところ、神が彫刻の女性像に命を吹き込んでくれたという物語です。教育心理学では、教師が期待を寄せた生徒は学習効果がより上がることをピグマリオン効果といいます。

ヒギンズ教授も自分が教育したイライザに恋をするという結末になっています。

マイ・フェア・レディ（映画）
Harry Stradling, Sr. (cinematographer) & Audrey Hepburn on the set of My Fair Lady - publicity still

「優生学」

バーナード・ショーは「優生学」の論者であったことはよく知られていることです。

「優生学」とは、「進化論」で有名な『種の起源』を著したチャールズ・ダーウィン（1809〜1882）の従弟のフランシス・ゴルトン（1822〜1911）という人物が唱えた「人類はより優れた人を残すべきである」という考えで、優秀な人の子孫を増やし、劣った人の子どもは制限するべきだという内容です。いわば、〝人類の品種改良〟のような話です。ゴルトンは従兄のダーウィンの影響を受けていることはもちろんですが、マルサスの『人口論』にも影響を受け、いわゆる「マルサスの罠※」で人口が頭打ちになるのなら、より優れた人間を残さなければならないと思い至ったものと考えられます。また、ゴルトンは非常に多彩な才能を持った人で、気圧という概念を用いて天気図を初めて作成、また、指紋による人間の識別法も考案しています。したがって、ゴルトンの説得力は相当なものだったようです。

※**マルサスの罠**
人口増加に対して食糧の増加が追いつかなくなるため、いずれ人の増加は頭打ちになる。

第一次世界大戦後に「優生学」が広まった

さて、そのゴルトンの唱えた「優生学」は、第一次世界大戦（1914〜1918年）の後、広く論じられるようになりました。

第一次世界大戦の時にスペイン風邪が大流行して、多くの兵士が戦場で戦病死しました。第一次世界大戦は塹壕《ざんごう》戦であったため、塹壕に立てこもっている兵士が感染し、ひどいことになったのです。実に1000万人もの兵士が死亡しましたが、そのうちの大半が病死だったということです。終戦後に、戦場に送られた多くの健常者が死に、そうでない身障者などが多く生き残っていることを問題とし、「優生学」が広く語られるようになったのです。

バーナード・ショーと同じくイギリスの作家のH.G.ウェルズも「優生学」の信奉者でした。実は、ケインズはこのH.G.ウェルズと長年親交があり、ケインズは黒人や黄色人種を嫌っていたといわれています。また、ケインズの政策を採用したルーズベルト大統領は「アングロサクソン系が十分な子どもを残すことができなければ、それは人類的自殺である」と述べています。

H.G.ウェルズは『宇宙戦争』、『タイム・マシン』などのSF小説を著し、現代社会に多くの影響を与えました。ケインズは、言うまでもなく20世紀最大の経済学者と評価されています。差別的な考えを持っていても、重要な業績を残した人たちであることは確かです。

なお、「優生学」の考えは、ナチスによるユダヤ人の大量抹殺「ホロコースト」を引き起こすことになってしまったため、今日では「優生学」を語ることはタブー視されています。

上流階級が、産業革命を起こし経済学も論じた

さて、先に産業革命と植民地政策が国家間格差をもたらしたと記しましたが、国内においては、産業革命によって上流社会の人たちと下層階級の労働者との格差が固定化されてしまったように思えます。

産業革命で次々と登場した新技術と植民地からもたらされた綿花などの新材料をもって事業を起こしたのは、やはり資金的にも時間的にも余裕がある上流社会の人たちでした。そして、下層階級の人たちを労働者として雇ったのです。つまり、もともとの階級社会が産業（ビジネス）社会の中で新たな枠で固定化されてしまったようです。

起業家も学者も上流社会の人たちで占められていました。蒸気機関関連の技術も繊維産業の発明も起業も上流社会の人たちによって成し遂げられ、学問の世界でも、大学教授はほぼ全員が上流社会の人でした。フランソワ・ケネーはヴェルサイユ宮殿に自分の部屋を持っていたという人です。アダム・スミスも恵まれた家庭に生まれています。リカードは事業で大成功し国会議員になっています。ガラパゴス諸島にまで調査に赴いたダーウィンの母親はヨーロッパ最大の陶器製造業ウェッジウッド家の出身で裕福な上流社会の人でした。シュンペーターの父親は工場経営者で、自身もオーストリアの大蔵大

臣になっています。つまり、経済学をはじめ社会科学の大半が上流社会の目線で論じられていると言っていいと思います。

下層階級の論者はマルクスぐらいしかいません。当時の下層階級の人たちには思索を深めて論文を書くなどという余裕はありませんが、マルクスは新聞記者だったのと、エンゲルスという友人の支援があったため、『資本論』を書くことができたのだと思います。

「労働再生産」とは

労働者とは、雇われて労働の対価として給料を受け取り、それで生活をしている人のことをいいますが、産業革命で経済活動が大規模化するにしたい、雇われて生涯を労働者で終わる人が増えていきました。当時は、労働基準法のような保護制度がなかったため、多くの労働者は生きていくのがやっとという給料しかもらえませんでした。

そこで、「労働再生産」という概念が論じられるようになりました。「労働再生産」とは、労働者が働いて、自宅に帰り食事をして睡眠をとり、翌日も働けるようにすることをいいます。マルクスの『資本論』でも用いられている用語です。

最近は、「労働再生産」は労働者が子どもをつくり、次なる労働力を育てることという解釈になっているようです。労働者の子どもは労働者、社会は労働者を必要としているというわけです。いずれにしても、人間的な言葉とは思えません。

アダム・スミスも、「労働者が子どもをつくれるようにすることは必要なことである」と述べています。アダム・スミスは前述したように人柄が良く、思いやりのある好人物であったのですが、イギリスの上流社会の出身ですから、イギリスの身分社会の基本的な潜在意識は根強くあったのでしょう。

労働市場と労働流動性

新自由主義の市場原理主義では、労働も自由市場で売り買いされるべきと考えられています。

解雇された労働者が、労働市場で売りに出され、値踏みされます。労働力も商品のように、市場で需給のバランスがとられ、最適な配分が行われるというわけです。

どうも、あまり人間的とは思えませんが、自由主義経済社会では、求人が多ければ給料が上がり、職を求める人が多ければ給料は下がるという市場原理が働いているのは事実です。

労働市場が機能するためには、労働者の流動性が必要と考えられています。電気工だったが、タクシー会社に雇われて運転手になるという程度なら、転職可能で、労働流動性があると思われますが、電気工が学校の教師になるのは簡単ではありません。逆に、社会科の教師が電気工になるのも容易ではないと思います。多くの職種があり、それなりにスキルが必要ですから、技術の習得が欠かせません。その技術の習得をリスキリングといいます。雇う側としては、リスキリングした労働者なら雇ってやるというわけですが、労働者側としては、簡単なことではありません。やはり、労働者を保護する制度が必要だと思います。

経営学と労働者

経営学の始まりは、フレデリック・テイラー（1856〜1915）の「科学的管理法」（1911年）です。T型フォード※の量産が始まって3年後のことです。「科学的管理法」の内容はいかに効率よく作業を遂行するかについての考察です。計画と実行の分離を唱えていて、ホワイトカラーとブルーカラーの分離が必要と論じています。そして、労働者を効率的に働かせるための管理の在り方を論じています。5年後に、この「科学的管理法」にAFL（アメリカ労働総同盟）が反対決議をしています。

さらに、1927〜1932年には、エルトン・メイヨー（1880〜1949）によるホーソン工場での実験が行われました。実際に稼働している工場の労働者の働く環

※T型フォード
アメリカのヘンリー・フォード（1863〜1947）によって、初めて量産された自動車。ベルトコンベヤーによる流れ作業による大量生産が行われた。

境を様々に変えて、作業への影響を観察したのです。経営学の実験として有名です。

どうやら、アメリカで始まった経営学は労働者をいかに効率よく働かせるかの方法論から始まったと言えるようです。

【経営学少史】

1863　奴隷制禁止　リンカーン大統領

1908　T型フォード量産開始

1911　フレデリック・テイラーの「科学的管理法」

■計画と実行の分離　■ホワイトカラーとブルーカラー

1913　AFL（アメリカ労働総同盟）が「科学的管理法」に反対決議

1927〜1032　メイヨーのホーソン工場での実験

1964　公民権法　ケネディ大統領

アメリカのセールスマンマニュアル

1970年頃に、アメリカの缶詰メーカーのセールスマンマニュアルを翻訳したことがあります。かなり分厚い冊子でした。一体いかなるノウハウが書かれているか、期待を持って読み始めたところ、服装はこのようにしろ、黒の革靴を履け、筆記用具は2本持て、自動車は週に1回洗わなければならない、などなど、延々と身の回りのことばかりが続き、缶詰の売り方などは一向に出てこないのです。

どうやら、これは社会人としての一般常識の教科書なのだと思わざるを得ませんでした。つまり、アメリカの一般国民には一般常識を持たない人たちがかなりいたということのようです。

アメリカには多くの黒人奴隷がいました。1863年にリンカーン大統領が奴隷制を廃止しましたが、黒人奴隷が急に自立して生きていけるかというと、そうはいかず長い間、奴隷時代と同じ労働をして生きていかなければならなかったのです。黒人奴隷がほんとに市民権を得たのは、100年後の1963年なのです。

私が手にしたマニュアルは公民権法が施行されて間もない頃でした。まだまだ、社会常識がない人たちを働かせることが必要だったのでしょう。

労働者は必要、だけど、

産業が盛んになり工場があるのであれば、労働者は必要な存在です。しかし、問題になっているのは、その労働者が貧困層になっているのではないかということです。

日本では、サラリーマンとして定年まで勤め、退職金を受け取り、年金をもらい、天寿を全うするという人が大勢います。それなりに、幸せな人生を送っていると言えると思います。十分とは言いきれませんが、日本の社会保障制度は整っているほうだと思います。特に日本の医療保険は評価できる制度です。

日本の大多数の労働者は人生を全うしていると思うわけですが、その方々の生涯収入は平均以下となっています。それは、金融経済世界で稼ぐ人たちが突出した収入を得ているからです。これが、現在の格差の背景です。

ピケティの「r＞g」

フランスの経済学者トマ・ピケティの世界的なベストセラー『21世紀の資本』には、「r＞g」の状態の時に貧富の格差が拡大すると書かれています。

ピケティの「r＞g」
r：投資利益率、 g：は経済成長率

資本家はｒ％の利益を得るが、労働者はｇ％の賃金の増加しか得られないと考えればわかりやいと思います。通常では、経営者は売上が増えた分以上に賃金を上げることをしません。つまり、「ｒ＞ｇ」とは、労働者の賃金は経済成長率以下しか増加することはなく、資本家はそれを上回るｒ％の利益を得る状況を示しています。

ピケティによると、現在社会はｒ＞ｇの状態が続いていて、ｒ＞ｇの状態でない場合とは戦争の時だということです。戦争で、生産設備が破壊されてしまうと、ｒ は低下してしまうためだと理解することができます。

ｒ＞ｇの状態とは、金融経済世界（以降、金融政界）が上位で実体経済世界（以降、実体経済）が下位にある状態を示唆していえるでしょう。

第六章

貨幣の流れ　経済は流れるプール

貨幣とは何なのか

ポール・クルーグマンの本に、次のようなエピソードが掲載されています。

アメリカの住宅地で150組の夫婦によるベビーシッターを互いに引き受け合うという組合をつくり、事務局がクーポン券を配布し、子どもを預ける際にクーポン券で支払って預かってもらうことにしました。ところが、外出の少ない夫婦はクーポンをため込み、外出の多い夫婦はクーポンが足りなくなり、外出を控えるようになってしまったということです。つまり、不活発になってしまったのですが、組合がクーポンを増刷して配ったところ、再び活発に動き出したということです。この事例は、ポール・クルーグマンの著書にはたびたび紹介されています。

このクーポンをベビーシッター組合という社会で流通する通貨と見れば、通貨がため込まれてしまうと経済が不活発になり、通貨を増刷すれば活性化するという現象を象徴しています。

クーポンという通貨はベビーシッター組合でしか通用しませんが、現在各国で発行されている通貨は、その国の中でモノとサービスの購入に使われています。それは、人々がその通貨を信用しているとともに便利に使えることも知っているからです。

では、その通貨が市中にどれだけの量が流通していれば適切なのか、金利は何％ぐらいが適当なのかなど、多くの議論がありますが、いまだによくわからないことが多いのです。そして、2010年代に先に述べたMMTが唱えられ始めました。今更ながら、貨幣の常識を覆すほどの新説が登場しているのです。

国内経済は流れるプール

よくわからないながら、私のイメージでは、国の経済は貨幣が循環している流れるプールのようなものだと考えています。そこに、常にお金が注ぎ込まれて潤滑油になっているように見えます。

流れるプールの中で多くのプレイヤー（企業、消費者などの経済活動主体）がモノを売り、その売上で原料を買い、従業員には給料を支払っています。つまり、プールの中で循環する渦を形成しています。

その流れるプール全体の規模をGDPの600兆円とします。そして、お金の流れは、「マーシャルのK」を2・0とすれば、1200兆円の通貨が循環していると想定します。「マーシャルのK」とは、実体経済と通貨の量の比率です。

流れるプール

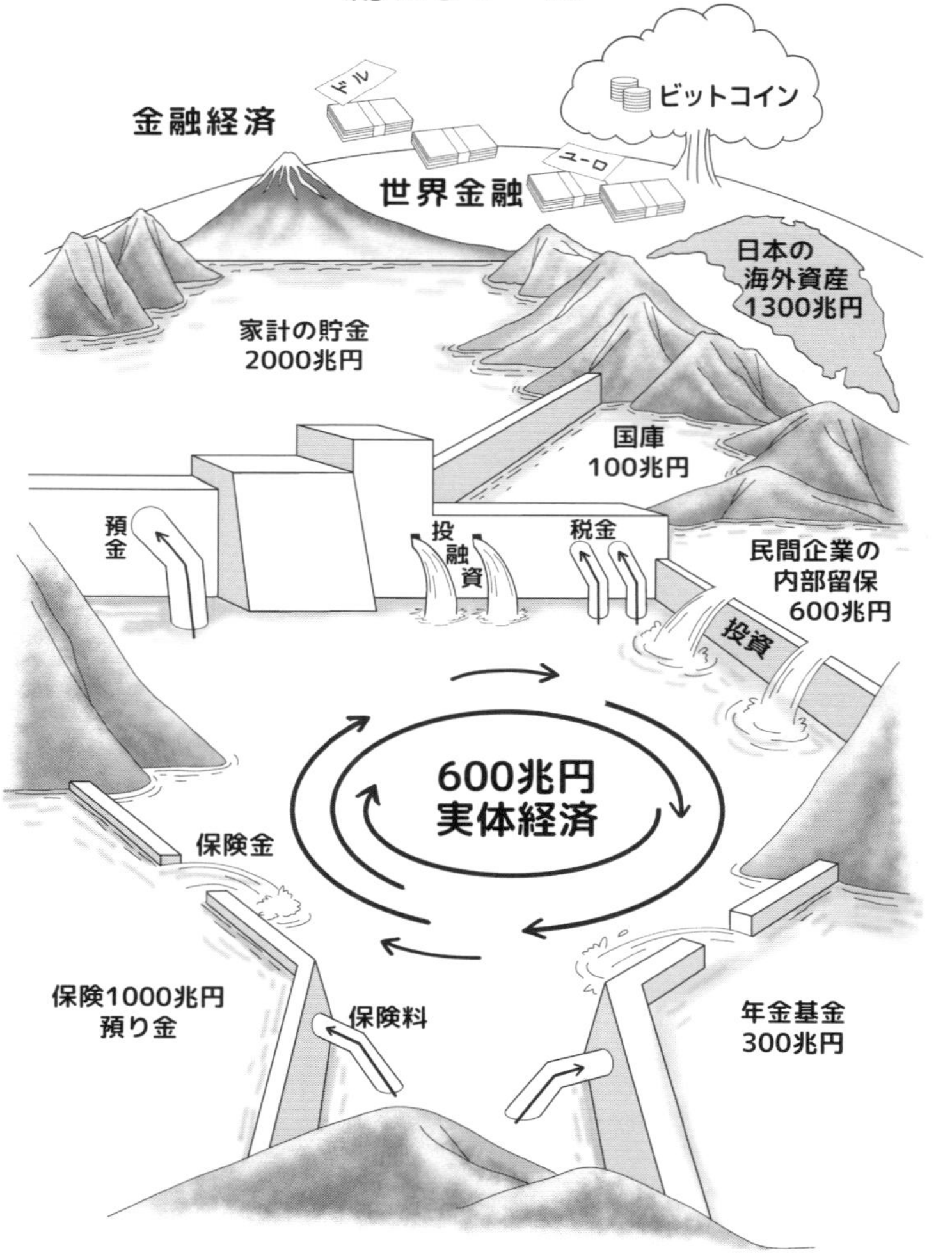

金融経済
ドル
ビットコイン
ユーロ
世界金融
日本の
海外資産
1300兆円
家計の貯金
2000兆円
国庫
100兆円
預金
投融資
税金
民間企業の
内部留保
600兆円
投資
600兆円
実体経済
保険金
保険1000兆円
預り金
保険料
年金基金
300兆円

マーシャルのK

K＝（M1＋CD）÷名目GDP

M1：現金通貨、預金通貨、準通貨、CD：譲渡性預金

あの「マーシャル・クロス」を考案したケンブリッジ大学のアルフレッド・マーシャルが提唱した貨幣量についての指標です。1990年頃の日本の「マーシャルのK」は0・8ほどでしたが、2000年からは1・8以上になっています。

その流れるプールから政府が税金としてお金を吸い上げています。お金を吸い上げているのは、政府だけではなく、銀行、証券会社、年金機構、健康保険、生命保険、損害保険などですが、企業も内部留保をためるとお金を吸い上げていることになります。

これによって、流れるプールの外周に巨大な貯水池ができています。貯水池には日本の家計の貯蓄約2000兆円、企業の内部留保約600兆円、年金基金300兆円、保険の預り金1000兆円と、これに加えて国庫の資金を約100兆円とすると、4000兆円以上のお金が貯水池にたまっていると考えられます。この貯水池のお金は金融世界で運用されています。

流れるプールが実体経済、周辺の貯水池が金融世界です。

実体経済（流れるプール）からお金を吸い上げているところがたくさんありますので、実体経済からどんどんお金がなくなってしまいそうです。しかし、政府は実体経済で働いている公務員（警察官、自衛官、教員、役所の職員）に給料を支払っていますので、流れるプールにお金を注ぎ込んでいます。年金機構は年金を支払っています。銀行からは市中の人が現金を引き出すこともあります。保険では医療を受けたときや事故が起こったときに保険金が支払われます。企業も、内部留保を取り崩して投資を行うことがあります。

民間企業の投資は、増えたり減ったりする

このように流れるプールに一定のお金が定常的に流れ込んでいます。しかし、企業の投資だけは増えたり減ったりします。投資を行う民間企業は数が多いですから、投資額も大きいのですが、景気見通しが悪くなると投資が減少し流れが悪くなります。そうしたときに政府は景気刺激のために財政投融資をして、流量の回復を図るのですが、これがケインズ流の政策です。戦後から１９８０年代までは、政府による財政投資は効き目がありました。しかし、経済の規模が大きくなるにしたがって、効き目が薄くなってき

ています。そこで、近年は、政府が金利を引き下げるなど金融の緩和をして、民間企業に投資を促すというマネタリズム政策が行われるようになっています。

フィッシャーの交換方程式

さて、貨幣の量について論じているアメリカの経済学者アービング・フィッシャーの交換方程式があります。

フィッシャーの方程式

MV＝PT（M：貨幣量、V：貨幣の流通速度、P：物価水準、T：取引量）

PTとは価格×数量ですから実体経済の取引全体のことで、GDPということになりますので、600兆円とします。この経済を回すための貨幣は、日本のマーシャルのKは2・0程度ですから、1200兆円ほどのお金が市中で流れているものと考えられますのでMは1200兆円です。とすると、V（貨幣の流通速度）は0・5となります（MV＝PT：1200兆円×V＝600兆円）。

これに対して貯水池のほうはどうでしょうか。

流れるプールのVは0・5ですが、実体経済の取引速度に対して金融の取引ははるかに速い速度で取引が行われていると考えられます。なぜなら、金融取引ではモノの移動がないことと現代のファンド（資金運用組織）ではAIによる高速自動取引が行われているからです。仮にVを2・0として計算してみましょう。

「MV＝PT：4000兆円×2・0＝8000兆円」となり、その規模は8000兆円となります。GDPの13・3倍です。

2020年度の日本の「金融先物取引業協会」の発表によると、取引規模が6000兆円を超えたということですから、GDPの10倍以上になっています。この発表は、日本の取引が対象です。世界はもっと大きな倍数ではないかと思われます。

BIS（国際決済銀行）の発表では1日当たり6・6兆ドルの決済のうち貿易取引は3・7％にすぎないということですから、金融世界と実体経済は96・3対3・7で、金融世界では実体経済の16倍もの取引が行われているという計算になります。

これらを考え合わせると、実体経済の流れるプールの外周に、さらに巨大な流れが渦巻いているというイメージが湧いてくると思います。

ビットコインの登場

巨額のお金がたまっているわけですが、それを使ってもっと増やそうと資金を運用しています。株式や金（ゴールド）、土地建物、あるいは原油、穀物などを買い、値上がりを待って売却益を得るという投資をする人、ドルやユーロを買い為替相場に応じて利益を狙う人もいます。

近年、ビットコインという新たな通貨が登場しています。ビットコインにはネットワーク空間の中の通貨で、ドルを管理をするＦＲＢ（アメリカ中央銀行）、ユーロを管理するＥＣＢ（ヨーロッパ中央銀行）のような管理する組織がありません。サトシ・ナカモトという人によって開発された仕組みで動いている通貨です。これで決済もできますし、貯金もできます。取引の記録を改ざんされないよう、あるいは漏洩《ろうえい》しないようにブロックチェーンという仕組みで保全されています。なかなか理解が難しいのですが、経済学の貨幣論としては、新い国の新しい通貨ができ、それがネットワーク上で便利に使えるようになったと理解すればいいと思います。

サトシ・ナカモトとは何者なのか、ブロックチェーンとはどんな仕組みなのかは、大変興味深い話がたくさんありますので、別途専門書をお読みいただきたいと思います。

日本の年金機構は運用で稼いでいる

いろいろな資金運用で稼げる可能性があるのですが、日本の巨大基金である年金機構も上手に稼いでいるようです。

貯水池にある日本の年金機構は、厚生労働省の『令和4年度 年金積立金の運用状況について』によると、資金を運用し累計で119兆円の運用益を得たということです（平成13年度~令和4年度まで）。年金機構は金融世界で119兆円もお金を増やしたわけですが、これは日本の国家予算を超える金額です。日本の年金はいずれ破綻すると言っていた人に教えてあげたいものです。

1990年頃から「年金機構はいずれ破綻する。年金をもらえなくなる」と唱えていた経済評論家がたくさんいましたが、それを真に受けて年金機構から脱退してしまった人（保険料の支払いを拒否した人）がいます。その脱退した人が今、年金をもらえず困窮しているということです。

何でも信じ込んだら、まずいことになるようです。

財政投融資とマネタリズム政策

ケインズ流の財政投融資もシカゴ学派の新自由主義（neo-liberalism）のマネタリズム政策も、流れるプールに注入される投資を増やし、景気を高揚させたいのです。前者は政府がお金を投資として直接プールに入れますが、後者は金融を緩めて民間の投資を誘発しようとするわけです。

ケインズ流でもケインズに反発している新自由主義（neo-liberalism）であっても、増えた投資による乗数理論で需要を増やす効果を生じさせて景気を引き揚げようとしているわけです。

経済の規模が大きくなると、ケインズ流の財政投融資は必要になるお金は次第に大きくなり、より多くの税金を徴収するか、あるいは国債の発行で借り入れを増やさなければならなくなります。後者の新自由主義（neo-liberalism）の金融緩和政策は、投資をする可能性があるプレイヤーの数は多くなっていますので、効き目が良くなっていると思われます。特に、アメリカの場合は民間の住宅投資と自動車ローンの借り入れが多数触発され、即効的に効く可能性があります。

前者は国家予算を使います。後者は国家予算を使いません。

第七章

金融の肥大化

膨らまされた金融商品

前章で金融世界は実体経済の10倍以上だと推測しました。では、どのようにして金融世界は拡大したのでしょうか。

２００８年のリーマンショックは、サブプライムローンを組み込んだ金融商品を多数売り出し、それが崩壊したことから始まりました。サブプライムローンとは、優良な借り手に貸した債権のプライムローンに対して、少し危ない借り手に貸した債権のことで、回収できずに焦げ付く恐れがある債権です。そして、不良な借り手からの回収が滞り始め、これらを組み込んだ金融商品が暴落して連鎖的に信用不安を起こしたのがリーマンショックです。

金融商品は、国債・株・社債などの各種の債権を組み合わせて一つの金融商品として投資家に販売します。つまり、債権をさらに膨らまして投資家に保有させているのです。

投資家側もレバレッジ(てこの原理)を利かせて、１００万円しか手元資金がないのに、９００万円を借りて、１０００万円の金融商品を買います。うまい具合に１０００万円の金融商品が１１００万円に値上がりすると、１００万円の元手で１００万円の儲けになります。

つまり、売り手も買い手も取引を膨らませているのです。そのため、金融世界は肥大化していくのです。

金融で儲けることができる

実は、大学生の時に原安三郎氏に師事していました。年に数回、日曜日にご自宅に上がってお話を伺っていたのです。原氏は日本化薬の創業者で、当時は日本化学工業協会の会長を務めるなど経済界の重鎮でした。その原氏に勧められてライオン（株）に入社したのですが、「社会人になったら株をやりなさい」と言われ、ささやかな規模でしたが、ライオン（株）の株を買ってみました。続いて、友人のお父さんが役員をしていた日本電気硝子（株）の株を買ったところ、うまい具合に投資金額を増やすことができました。

また、30歳代にはマンション経営を試みました。2000万円と3000万円の2戸のワンルームマンションをほぼ全額借金で購入し、賃貸に出していました。マンション運用会社に任せていたのですが、空き家になってしまうことはほとんどなく、比較的安定した家賃収入がありました。合計5000万円の借金の返済金は家賃収入で賄えましたので、月々の収支はほぼトントンでした。そして、それから20数年後、借金も完済したので、2戸のマンションを売却しました。土地の値上がりもあり、購入した時とほぼ同じ金額で売れました。つまり、５０００万円の現金を手にすることができたのです。

普通に給料をもらっている人が、20年かけても５０００万円の貯金をすることは難しいことです。しかし、金融世界に少しでも関われば、金銭的メリットを得ることができるのです。

私の知人の外資系のコンサルティング会社のパートナーは、実に１００戸ものマンション経営をしていました。その結果を聞いていませんが、超高級車に乗っているところを見ると、相当な蓄財をしたに違いありません。

電車に乗って窓の外を眺めていると、無数のアパートやマンションを見ることができます。日本には１６００万戸もの賃貸住宅があるそうです。それぞれに家賃収入を得ている大家さんが存在しているはずです。そして、その土地建物を原資としてローンが組まれ、金融世界を広めているのです。

５〜６％の配当をしている会社はたくさんある

現在社会では、どんなに下手な資金運用でも、年間５％ほどの利益を得ることは難しくありません。日本企業の株でも５〜６％の年間配当を出している会社はたくさんありますので、銀行預金を引き出して、運用を試みるべきでしょう。日本政府も、ＮＩＳＡ

という小規模の投資優遇制度を設け、日本国民の貯金を金融世界に誘導する政策を講じています。

もし、1000万円の遺産を相続したら、5％ほどの配当の株を買っておくといいと思います。5年で1280万円になります。また、5年のうちにうまい具合に株が20％値上がりしたら、200万円の儲けになります。そして、その儲けで株を買い増しておけば、またチャンスがあるかもしれません。

リーマンショックで大損したという人は、レバレッジ（てこの原理）を利かせて、株取引を膨らましていた人です。例えば、1000万円の元手に加えて、2000万円の借入りれをして株を買ったとすると、200万円値下がりした場合、200万円の損のはずが、600万円の損になりますので、元手が半分以下になってしまいます。投資家の中でこうしたリスクを冒して株取引をしている人は、大きなダメージを被ることがあります。手元資金だけで、堅実に運用していれば、大きなリスクはありません。

富裕層をより富裕にする分離課税

分離課税とは、2000万円の給与所得がある人は約48％の税金と社会保険料がかかりますが、その人が株で儲けて2000万円の金融所得を得た場合、本来の給与所得とは別に分離して、株で儲けた分の所得は約20％の税金でいいという制度です。金融所得の優遇制度です。岸田総理がこの分離課税制度を改革して金融所得にかかる20％の税率を引き上げようとしましたが、金融業界からの反対で、見送られています。

汗水たらして得た収入より、株の運用で得た収入のほうが、税金が半分以下というのは、やはり公平ではないと思います。

現在社会は、金融世界にいるほうが明らかに有利なのです。しかし、日本人は株で儲けようとする人が少ないようです。儒教的価値観では、汗水たらして働くことが尊いと考えられていて、いわゆる不労所得を卑下しています。しかし、海外の金融世界は大きく広がり、それで大きな所得を得ている人が大勢います。富裕層はますます豊かになり、一般の給与所得者との差はますます広がっているのです。儒教的には好ましくないのかもしれませんが、それが現実です。

巨大ファンドは、ますます稼ぐ

世界には、巨大なファンドが多数存在し、それらがさらに稼ぎを増やしています。

例えば、10兆円規模のファンドを、為替相場で運用しているとします。10兆円を投じて、１５０円／ドルでドルを買っておき、１５１円／ドルになった時に売れば、

10兆６６６億円となり６６６億円も差益を得ることができます。率は0・６６％と大したことはないとお思いかもしれませんが、1週間後にまた同じチャンスがあれば、再び６６６億円稼げます。つまり、年に何十回もチャンスがあるのです。ドルだけでなく円も買っておけば、相場が上がっても下がっても差益を得られますのでチャンスはさらに多くなります。一日中相場を見て、売り買いすれば、毎週利益を得ることは難しいことではないのです。そして、これを運用する組織の職員への分配も大きくなるのです。

このように富裕層はますます裕福になっています。現在の格差の構造はピラミッドではなく、ピラミッドの頂上の石の数個がスカイツリーのように突出している姿であると言っていいと思います。

実業家の財産も金融資産

日本人にも突出した資産家がたくさんいます。ファーストリテイリングの柳井正氏、キーエンスの滝崎武光氏、ソフトバンクの孫正義氏などが有名ですが、いずれも実業の経営者で、金融世界の人ではありません。

上位の方々の資産は1兆円を超えているのですが、高額の役員報酬を何十年間貯金しても1兆円にはなりません。実は、彼らの資産の大半が金融資産なのです。それは、成

格差のピラミッド

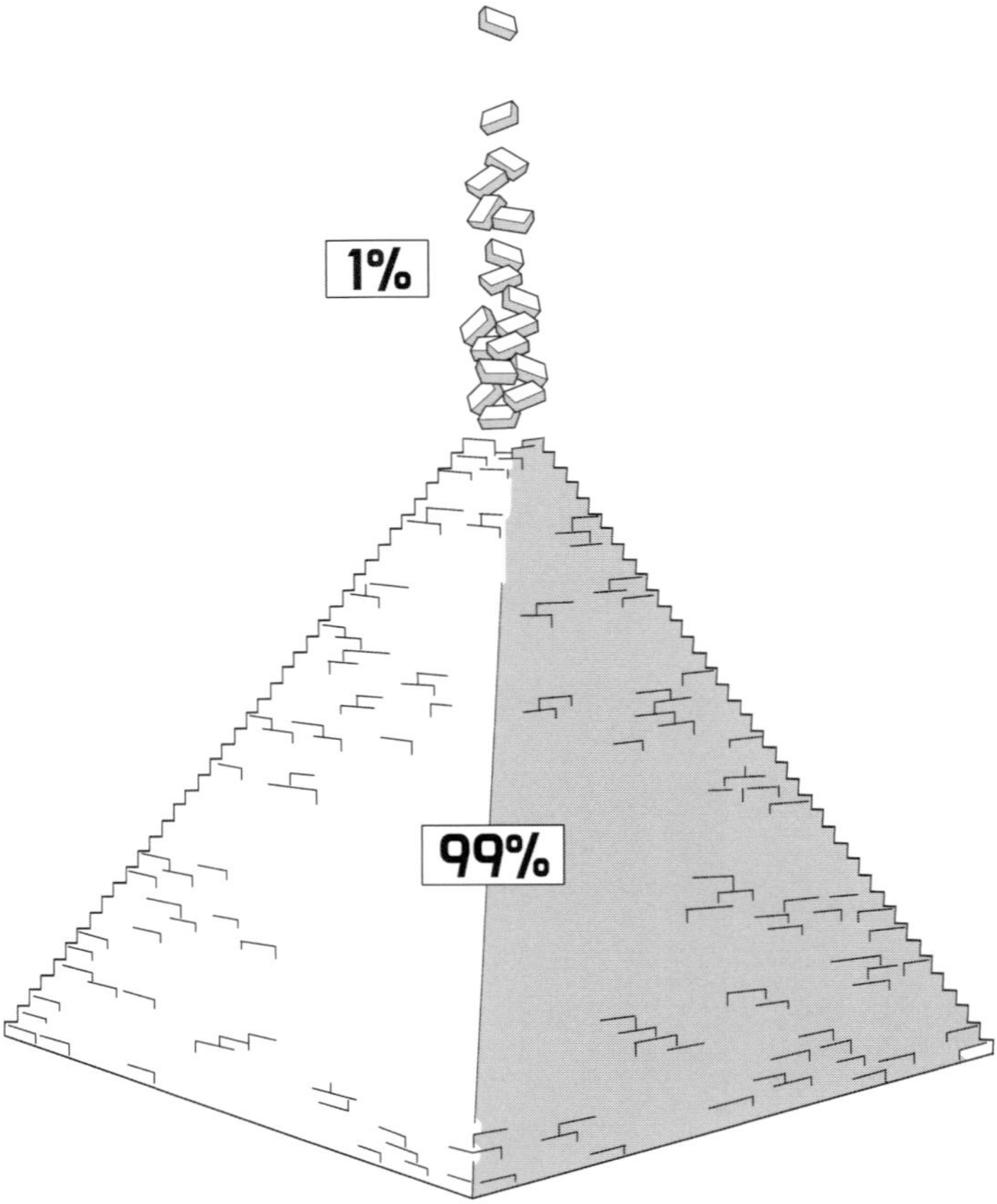

功した実業の会社の株式が株式市場で高く評価され大きな金融資産になっているのです。つまり、金融で資産が高額なモノに拡大しているというわけです。

富裕層はすべて金融世界に関わっているのです。逆に言えば、金融世界に関わらないと富裕層にはならないのです。

第八章

資本主義批判

近頃は、「資本主義は限界を迎えた」「資本主義は変えなければならない」などという議論が盛んです。日本政府も「新しい資本主義」と言っています。

そもそも資本主義とは何なのか

では、そもそも資本主義とは何なのでしょうか。

15世紀、イタリア生まれのコロンブスはインドに向かう新しい航路を開拓しようと計画を立てました。しかし、船も資金もなかったため、スペイン国王に資金を出してもらい、船を調達し船員を雇って、船出をしました。そして、アメリカ大陸を発見したのです。この事業の構造は、スペイン国王が資本家で、コロンブスが経営者で、船員が労働者ということになります。これが資本主義の基本的構造で、これは今後も変わることはないでしょう。

資本主義とは才能とアイデアは持っているものの、資金がない人の活躍を支える構造で、これによって経済の発展をもたらしました。特に、産業革命時代には、多くの発明と工夫が生まれ、それを花開かせることができたのです。多くの発見と発明で、事業アイデアが増えて、より多くの資金を必要とするようになりました。

そして、資金を扱う金融世界が拡大するにつれて、資本家は株式市場を通じて、ビジネスの世界を支配するようになりました。資本家は、株式市場を通じてビジネスのルールを作り、さらに自分たちが有利になるようにしているように見えます。この姿について、いわゆる金融資本主義として、批判する人が増えています。

稼いだものは自分のモノ

自由主義では稼いだものは自分のモノにしていいという所有の自由を認めています。第一章に書いたように、生産・所有・取引などの経済活動の自由が、人類の経済活動を活発化させ、経済を大発展させたのには間違いありません。

自由主義によって生じる格差は、適度なレベルであれば、フリードマンの言う「格差は経済を活性化する」、また、シュンペーターの言う「均衡は停滞を意味する」というのも、一面の真理かもしれません。

しかし、それが行き過ぎてしまっているようです。

自由に何をしてもいいのだから利己的でもいいのだという意識が増長して、利己主義社会が広がっているように見えます。それは「金融ビッグバン」から顕著になってきたように思えます。「金融ビッグバン」によって多くの金融世界の規制が緩和され、おまけにグローバル化が進んだため、金融世界のチャンスが急拡大しました。いわば世界の金融におけるゴールドラッシュが起こったようなものです。

目ざとい人だけが、金融世界で大金を掴み、その人たちが一層強欲になったように思えます。

労働者の味方ではなくなった経営者

資本家、経営者、労働者という構造は、産業革命以降の経済の巨大化とともに必然的な構造として定着しています。

力をつけた資本家である株主たちは、経営者が多額の報酬を得ることを容認あるいは推奨し、経営者に株主利益を増やすことを求めています。そして、経営者にストックオプションを与え、株価を上げることへの動機を経営者に持たせています。株主は経営者を味方につけることに成功しているのです。

ストックオプションとは、一定の株価で株を買える権利のことで、例えば、株価1000円で株を1万株買う権利を与えられ、後日、株価が2000円になった時に権利を行使すれば、リスクを負うことなく1000万円の利益を得ることができます。そのため、ストックオプションを与えられた経営者は株価を上げることに一生懸命になるのです。

ストックオプションを与えられた経営者は、時価総額（株価×発行株数）を上げるために、無理な経費削減、ＩＲ活動や自社株買いに励むことになります。そうなってしまった経営者は、人件費はコストと見なしますから極力圧縮し、将来に必要な投資も絞って、とりあえず短期の利益を出して、株価を上げることに注力します。株価が上がると、ストックオプションを行使し、多額の現金を手にして、会社を辞めてしまう経営者もいます。後に残った従業員はいい迷惑です。

ということで、金融の論理に取り込まれた経営者は従業員の給料はコストと見なすようになりますから、経営者は従業員の味方ではなくなるということです。

ゼネラルモーターズ（ＧＭ）のリチャード・ワゴナー会長は「企業としての至上命令は株主への利益還元である」と述べていましたが、ＧＭは経営不振に陥り、２００９年に連邦倒産法第11条の適用を申請し倒産しました。ワゴナー会長はストックオプションを含めて19億円の報酬を得て、離脱（Exit）してしまいました。ワゴナー会長は、明らかに社員の味方ではなかったのです。

潰れてしまったコダック

日々、資産を増やし続けている金融世界は、株式を通じて企業に大きな影響力を持つようになっています。

2012年に世界トップの写真用フィルムメーカーのコダックが破産法を申請しました。破綻した理由は、デジタルカメラの登場によって、写真用フィルムが必要なくなったからです。しかし、同じフィルムメーカーだった日本の富士フイルムは健在です。

富士フイルムが健在なのは、デジタルカメラが普及して写真用フィルムがなくなるであろうことを予測して、デジタルカメラへの積極的な投資、さらには医療や化粧品など多角化を行っていたためです。では、コダックはデジタル化で写真用フィルムがなくなることを予想していなかったのでしょうか。そんなことはありません。当然予測していて、経営陣はデジタルカメラ用への投資をしなければならないと考えていたのですが、株主が反対をしたのです。コダックは高い利益を上げて、高額の配当をしていました。そのため、各種の年金基金や保険会社をはじめとする巨額の資金を運用するファンドが大株主になっていて、彼らはフィルム以外に多額の投資をすることによって配当金が減ることを嫌って、大反対をしたのです。彼らの言い分としては、多くの人のお金を預かっているのだから、配当金を減らさないでほしいということだったのです。コダックの未来より、自分たちのお客さんの今現在のほうが大事というわけです。

その結果、コダックは倒産し多くの社員が職を失いました。多くの人が貧困に陥ったものと思われます。

つまり、コダックほどの大会社を破綻に追い込むほどの力を金融世界は持っているということです。

東証のCGコードをご存知でしょうか

東京証券取引所が発行している『コーポレートガバナンス・コード～会社の持続的な成長と中長期的な企業価値の向上のために～』を読んだことがあるでしょうか。100項目近くの企業が守るべきルール（コード）が記されています。

以下に引用します。

第1章　株主の権利・平等性の確保

【基本原則1】

上場会社は、株主の権利が実質的に確保されるよう適切な対応を行うとともに、株主がその権利を適切に行使することができる環境の整備を行うべきである。（中略）少数株主や外国人株主については、株主の権利の実質的な確保、権利行使に係る環境や実質的な平等性の確保に課題や懸念が生じやすい面があることから、十分に配慮を行うべきである。

【原則1－5】 いわゆる買収防衛策

買収防衛の効果をもたらすことを企図してとられる方策は、経営陣・取締役会の保身を目的とするものであってはならない。その導入・運用については、取締役会・監査役は、株主に対する受託者責任を全うする観点から、その必要性・合理性をしっかりと検討し、適正な手続きを確保するとともに、株主に十分な説明を行うべきである。

【補充原則4－1③】

取締役会は、会社の目指すところ（経営理念等）や具体的な経営戦略を踏まえ、最高責任者（CEO）等の後継者計画（プランニング）の策定・運用に主体的に関与するとともに、後継者候補の育成が十分な時間と資源をかけて計画的に行われていくよう、適切に監督を行うべきである。

【補充原則4－14②】

上場会社は、取締役・監査役に対するトレーニングの方針について開示を行うべきである。

などなど、100項目もの「……べきである」と書かれた上から目線のルールが記されています（ネットで見ることができますので、ぜひ開いて見てください）。

このルールはどのように決められたのでしょうか。国会で決められたのならば、国民は順守すべき義務がありますが、このルールはイギリスのシティやアメリカのウォール街のコーポレートガバナンス・コードを参考に日本の証券取引所が決めたものです。

つまり、金融世界が実体経済のルールを作り支配している姿がここに見えます。

企業は金儲けをする機関で儲けた利益は株主に還元しなければならないという金融資本主義の基本的考え方に基づき、経営者は株主のために働き、株主を裏切るようなことがあってはならないというルールのように思えます。

金融世界の現場

このような金融世界の資本家の利益を守るために日々仕事している金融会社の社員はかなりつらいものがあるようです。

ゴールドマン・サックスで仕事をしていた清水大吾は『資本主義の中心で、資本主義を変える』（NewsPicksパブリッシング）を著し、「自分だけ、今だけ」という利己主義的な金融世界を批判しています。

同じく元ゴールドマン・サックスの伊勢谷武は著書『アマテラスの暗号』（宝島社）で、「アメリカが押しつけた民主主義とはそんなに優れたものなのか」「理性を信じ切った人間の浅はかな驕り」と述べています。

『強欲資本主義　ウォール街の自爆』（文藝春秋）を著した神谷秀樹は「やがて実体経済を喰い尽くし自爆するだろう」と述べています。

アメリカ流の金融業界の強欲資本主義の真っただ中にいたこれら3人が、いずれも同じような感情を抱いているということは、やはり、どこかに理不尽さを感じていたのでしょう。

社会的義務を果たさない富裕層

そして、自由主義と資本主義の恩恵を受けて、成功した富裕層が利己的な意識のまま、社会的な責任を回避しようという風潮が蔓延してしまっているようです。それは、大きくなるにしたがってグローバル化し、国の軛《くびき》から逃れる術を知ってしまったことが、それを助長させているようです。

富裕層が海外に資産を移転させるなどあらゆる手を使って税を免れようとしている姿が、2016年公《おおやけ》になった「パナマ文書」※によって明らかになりました。

グローバル化した企業への課税は困難

トマ・ピケティは『21世紀の資本』(みすず書房)で、富裕層に、より多くの負担を課すべきだと論じていますが、一方で「それは難しいのではないか」とも述べています。

「ユニクロ栄えて国滅ぶ」と言った女性経済学教授がいましたが、巨大化し企業はグローバル化を進めていて、国による課税が難しくなっているのです(これを言ったのはかなり毒舌の方で、多分ユニクロと言えば語呂がいいためこのように言ったのだと思われます。ユニクロの柳井氏は独自に社会貢献を進めています)。

半世紀以上も前から商船の船籍にはギリシャ船籍やパナマ船籍が多いのですが、これは船にかかる税金が安いからです。同じように税金が安いパナマやケイマン諸島に拠点を移している金融機関は数多くあります。

どうやら、グローバルな大企業は、国家を超えてしまったようです。これからは、多くの国々が連携してグローバル企業や富裕層への課税を工夫しなければならない時代に

※パナマ文書
パナマの法律事務所から流出した文書で、これによって世界の富裕層の資金の移動が知られることになった。多くは違法ではないものの、世界の富裕層が税金の安い国に大規模に資金を移動させている姿が明らかになった。

なってしまいました。

富裕層に多額の税を課した日本の「財産税」

日本では、戦争に敗れた直後の１９４７年に、富裕層が保有する土地や建物を売らなければ払えないほどの高額の税金「財産税」を課したことがありました。原子爆弾を落とされ無条件降伏をした日本は、米軍の爆撃で焦土と化した国土を復興するために、富裕層から財産を強権をもって供出させたのです。

課税の対象は旧華族でした。元貴族や大名だった華族が、昭和の時代になっても土地建物など多くの財産を持っていましたので、それに多額の課税をしたのです。旧華族たちは土地と建物を手放し納税をしました。徳川家の墓所である港区芝の増上寺の北側と南側にホテルが建っていますが、その土地は「財産税」を払うために売られた土地だということです。

一時的だったとはいえ、これだけの重税を課し、それに富裕層が素直に従ったということは、税の歴史上特筆すべきことだったと思います。敗戦直後の非常時でしたからできたことだったのでしょう。今このような税を課したら、富裕層の多くが海外に逃げてしまうでしょう。

金融世界の成長神話

証券会社の社員やアナリストたちは、成長しなければならないと思い込んでいるようです。アナリストの質問でいちばん多いのが、「御社の次なる成長戦略は何ですか?」です。先に紹介した東京証券取引所の『コーポレートガバナンス・コード』のサブタイトルは、「会社の持続的な成長と中長期的な企業価値の向上のために」となっています。あくなき成長に何の疑問も持っていないようです。永久に成長し続けるなどということはあり得ないことです。世界中のビジネスが成長し続けると、地球の資源をいずれ枯渇させることになります。

新市場を見つけて成長を続けた資本主義

産業革命と植民地の時代は、常に新市場が開拓され経済は成長を続けてきました。植民地時代以降は、新興国家の人口増加が新市場を生み出し、世界経済は新たな成長を続けました。

しかし、グローバル時代を迎えた現在、地球上に新市場はなくなっているにもかかわらず、さらなる成長を求めるには限界が見えてきています。成長の中で利益を掴んだ金融富裕層は、いつまでも成長を望み続けているのでしょう。

成長しなければならないという思い込み

なぜ、成長し続けなければならないと思い込むようになったのか、それはチャールズ・ダーウィンの進化論にあるという説がありますので紹介します。

ダーウィンといえば、「もっとも強い者が生き残るのではない、もっとも賢い者が生き残るのではない、唯一生き残るのは変化できる者である」というメッセージが有名です。しかし、これはダーウィンが言ったのではなく、イギリスの経営学者レオン・C・メギンソンがダーウィンの言葉として論文に引用したものだということだそうです。ダーウィンは〝変化できる者〟とは言っていません。〝変化した種のうち環境に適合した種が生き残る〟と言っているのです。

ダーウィンの『種の起源』には、種が変化し、その変化した種が環境に適合し生き残るのが進化だと書かれています。つまり、様々な変化の中で、生き残ったものが次の世代となるというのが進化論なのです。目標があって変化するのではなく、変化したものの中から適者生存するのであり、勝ち残るのが進化であるということになります。これによって、生存競争に勝つことが重要であり、弱者を乗り越えることが必要であるとの思い込みに繋がり、これが、今日の経済社会における競争社会をもたらし、成長神話になっているということです。

少々わかりにくいですが、こうしたダーウィンの影響もあるのかもしれません。

毎年3％の成長をつづけたら、100年後には約20倍になる

3％の成長を100年続けたら、1・03の100乗＝約20倍になります。

100年前の世界の人口は20億人ほどでしたから、100年で4倍の80億人になったのですが、これからの100年で、また人口が4倍になるとしても、経済が20倍である必要があるのでしょうか。これほどの成長をしたら、地球資源はどれだけ消耗されることになるかはかり知れません。

人類は地球に巣くった白アリ

人類は地球に巣くった白アリのようなものです。白アリは、巣くった倒木を喰い尽くすと次なる木材へと移住します。人類は火星へと移住しなければならなくなるかもしれ

ません。

世界の人口が80億人となった今日、成長より安定的持続に舵を切り替えなければならない時代になってきているのは明らかです。しかし、人口の増加は止まらないと思われるため、地球資源をなるべく使わないような技術革新を進めなければなりません。

ローマクラブの指摘

ローマクラブが1972年に発表した「成長の限界」というレポートでは、21世紀には地球資源の枯渇を迎える可能性を警告しました。しかし、21世紀になってから採掘技術の進歩が著しく、地球の原油埋蔵量は大幅に増えました。垂直にしか掘れなかった石油井戸が水平坑井掘削技術によって、地下で横方向に掘り進めるようになったことと、従来は液状の原油しか汲み出せなかったのが、岩石や砂に染み込んでいる原油（シェールガス）でも採掘できるようになったのです。

このように推定埋蔵量が増えたことで、ローマクラブの警告が軽んじられるようになってしまったことは残念なことです。地球の原油埋蔵量は有限ですから、ローマクラブの指摘を軽視すべきではないと思います。

革命を起こすべきなのだろうか

このように、現在の資本主義は様々な問題をもたらしているようです。

では、今革命を起こすべきなのでしょうか。

〝何だかわからないが、金融業界が悪いらしい〟と「ウォール街を占拠せよ」「We are the 99%」というプラカードを掲げてウォール街でデモをした人は革命を起こそうとしたのでしょう。「We are the 99%」とは、ジョセフ・スティグリッツの著した『世界の99%を貧困にする経済』(徳間書店)と言う本に基づいています。

仮に、彼らがウォール街を破壊したとしても、次にあるべき社会の姿を提示できるのでしょうか。

ソビエト連邦の共産革命は、次にあるべき姿を描いていたのですが、それがうまくいかなかったのです。2010年に起こったリビアやチュニジアの「アラブの春」は、専制的な為政者を追放したのですが、次の姿に導くリーダーが現れずに、混乱をもたらしただけに終わりました。

今、99%の人々が革命を起こしても、うまくいかないと思われるわけですが、では、やるべきことは何でしょう。富裕層からより多くの税金を徴収し、99%の人たちへの分配を増やすように工夫をするべきでしょう。もう一つは、99％の人たちも富裕になるような道筋をつけてあげることだと思います。

ＮＩＳＡを奨励する日本政府

日本政府は、小規模投資への課税を免除するという投資奨励制度ＮＩＳＡを設けて、国民の貯金を投資へと誘導しようとしています。つまり、一般国民に富裕になるような道筋をつけようとしています。

経済評論家は「ＮＩＳＡは、家計の貯金を投資に回し、日本の景気を上げるため」と言っていましたが、そうではなく、「日本国民も金融で儲けてもらいたい」という制度なのです。

日本人の貯金の約２０００兆円は銀行にあるわけですが、このお金がただ退蔵されているのではなく、銀行は投資に回し運用しています。ですから、国民が銀行預金を引き出して株を買っても、日本の資金の投資が増えるわけではありません。したがって、評論家諸氏が言っているような景気対策ではないのです。

しかしながら、政府が「日本国民も金融で儲けてほしい」と言いだせば、日本のマスコミは何と言いだすでしょうか。

革命を起こせないのならば、平等な分配ができるように各企業が経営改革をするという道もあります。

先に、経営者が労働者の味方ではなくなったと書きましたが、日本には労働者の味方となっている経営者がいます。

伊那食品のいい会社

伊那食品の塚越寛会長（当時）は間違いなく社員の味方です。伊那食品は〝かんてんぱぱ〟で有名な食品メーカーです。塚越会長の著書『いい会社をつくりましょう』（文屋）には「単に経営上の数字がいいというだけでなく、会社を取り巻くすべての人に〝いい会社だね〟と言ってくださるような会社にしたい」と書かれています。塚越会長は、本当に社員を大事にしています。労働組合がないのですが、塚越会長にお会いした時に「もし労働組合を作るなら、私が組合長だ」とおっしゃっていました。

伊那食品の本社は、伊那谷の辺鄙《へんぴ》なところにあるのですが、訪れてみると、まるで公園のように整備されています。見ると、休日にもかかわらず社員が出勤して掃除をしています。中には、松の木を剪定《せんてい》するために高所作業車の免許を取った若い女子社員がいるということです。大事にされている社員が機嫌よく働いています。

塚越会長は、経団連でも経済同友会でも企業研究会でも講演をしています。塚越会長は「年輪経営」を唱えていて、無闇な成長を求めずに、安定した成長をするべきだとも言っています。この「年輪経営」には多くの日本の経営者が共感を示しています。

トヨタの豊田章男会長もその一人で、豊田会長がトヨタの経営を継承し黒字転換させた時に、豊田会長は「これで税金を払うことができてうれしい」と述べていたことを印象深く記憶しています。会社の社会的責任を意識しているのだと思います。豊田会長は「世界一の会社より、街一番の会社になろう」と言っています。塚越会長の言う「いい会社」に通じる思いです。トヨタの工場は、コロナの時にマスクを作り近隣に供給しています。車を造っている会社がマスクを作り始めたというのは驚きです。

YouTubeを見ている人は、ぜひトヨタの株主総会の動画を開いて見てください。思わず涙ぐんでしまうような感動的な様子をたくさん見ることができます。豊田会長率いるトヨタには「いい会社」であり続けてほしいと思います。

ジョンソン&ジョンソンの信条

金融資本主義で凝り固まったように見えるアメリカにも、素晴らしい経営理念を持って経営をしている会社があります。

《ジョンソン&ジョンソンの我が信条》

我われの第一の責任は顧客に対するものである、

我われの第二の責任はパートナーに対するものである、

我われの第三の責任は従業員に対するものである、

我われの第四の責任は地域社会に対するものである、

我われの第五の責任は株主に対するものである、

(日本語に翻訳するにあたり少々アレンジしています。詳細はネットで調べることができますので、ご確認ください)

ジョンソン&ジョンソンはアメリカで尊敬される会社でした。しかし、近頃はコーポレートガバナンス・コードの影響でしょうか、ROE(自己資本利益率)を上げることが第一でこれができなければ従業員を守ることもできないと言い始めています。まずは儲けることを要求されているのでしょう。

ジョンソン&ジョンソンの信条が変わらないことを願っています。

分配の改善

日本では、失われた30年と言われながらも、実は配当金と役員報酬は増えていたのです。ご承知の通り、その間の労働者の給料は増えませんでした。やはり、日本も金融資本主義の考えが浸透していたと言わざるを得ないと思います。

幸い、２０２３年に給与所得が30年ぶりに増えました。物価も上がりましたので実質では増えていないと言いますが、名目では間違いなく増えたのです。２０２４年以降は、デフレからインフレ基調になり、実質賃金も伸びるものと期待されています。

今後の日本の経営者の方々には、従業員重視の経営をしていただき、分配の改善を少しでも進めていただきたいと思います。

第九章

経済学とは何か

ところで、本当の経済学はあるのでしょうか。

間違いなく言えることはいくつかあります。

まず、経済は循環していること、需要と供給のバランスで価格が決まること、投資が経済を拡大させること、技術革新は生産性を向上させること、などなど、信じていい経済理論はもちろんたくさんあります。

経済は循環する

需要と供給は市場における自由取引によって均衡する

投資が経済の拡大をもたらす

投資した資金は乗数的に波及する

金利が上がると投資が減る

金利が下がると投資が増える

貨幣の枯渇は経済の停滞をもたらす

貨幣の過剰供給はインフレをもたらすことがある

収穫は逓減する

限界効用は逓減する

このように間違いないと思われる経済理論に対して、現実の世界では様々な変化要因が襲い掛かっているのです。変化要因とは、人口の増減、貨幣の量、革新的技術、貿易と為替などですが、さらに加えて、「景気の気は、気分の気」と言われるように大衆の心理によっても影響が生じることもあります。

“見えざる手”を見えるようにしてくれたマーシャル・クロス

やはり、アダム・スミスの“見えざる手”は経済理論の第一歩です。説得力があります。街の市場《いちば》にパンを持って行って売ると、売る人と買う人とが日々の売り買いを重ねるうちに自然と数量と価格が決まるというのは納得のいく説明です。

マーシャル・クロス

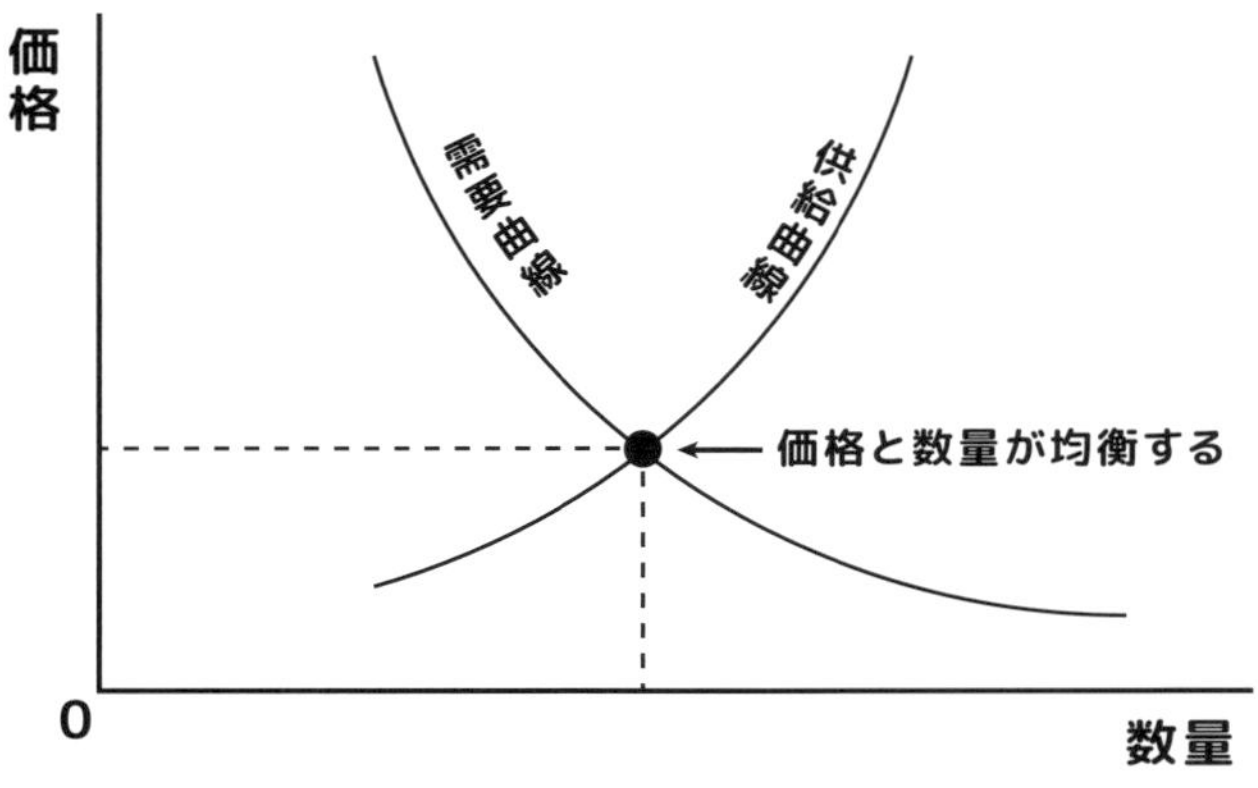

この供給と需要とのバランスで数量と価格が決まるということをグラフを用いて見事に説明したのがケンブリッジ大学のアルフレッド・マーシャルです。需要曲線と供給曲線とが交差する「マーシャル・クロス」と言われるグラフです。〝見えざる手〟を見えるようにしてくれたこの「マーシャル・クロス」はアダム・スミスから約100年後でした。

マーシャルこそが近代経済学の祖と言っていいと思います。

〝見えざる手〟がうまく機能しないことがある

しかし、〝見えざる手〟がうまく機能しないことがあるのです。それは、売り手が競争する中でライバルを淘汰《とうた》して寡占化した場合、あるいは独占に至った場合、適切なバランスが損なわれます。そのため、ケンブリッジ大学では、自由を損なわない範囲で制限をする必要があるとの議論があり、今日では多くの国で独占禁止をする法律が設けられています。

さらに、ジョーン・ロビンソンという学者は、供給側の寡占や独占だけではなく、需要者が一人だったらどうなのかという議論を持ち掛け、『不完全競争の経済学』という本を出版して問題提起をしています。彼女は「経済学を学ぶのは経済学者に騙されないようにするためだ」と発言していることで有名です。

なお、「完全競争」とは、売り手も買い手も多数存在し、個々の売り手あるいは買い手が価格を変えることができないこと、また、売り手も買い手も同等の情報を持っていること。さらに、売り手も買い手も特別な選好を持っていないことです。特別な選好とは、日本製品しか買わないなどと強いこだわりを持って選り好みをすることです。

ワルラスの一般均衡論

さらに、スイスのローザンヌ大学の教授レオン・ワルラス（1834〜1910）という学者は、マーシャル・クロスの説明は一つの市場の説明でしかないと指摘、つまり「部分的均衡」であり、世の中には多くの市場があると論じ、「一般均衡論」を唱えました。街の市場にパンを持ち込んで売る市場は一つの商品一つの場所の市場で部分でしかなく、世界には多く商品と市場があり、それらが互いに影響し合って全体でバランスをとっていると論じたのです。

レオン・ワルラス
French economist Léon Walras (1813-1910)
フランス出身の経済学者。スイスのローザンヌ大学で経済学部教授を務めた。（1834年12月16日生まれ、1910年1月5日死去）

数学のようになってしまった経済学

ワルラスの本は数式だらけで、ワルラスは数理経済学の先鞭をつけた学者です。

さらに、限界効用逓減《ていげん》と収穫逓減の概念が持ち込まれると、ますます数学のようになってきました。限界効用とは、1杯目のビールはうまいけれど、2杯目、3杯目となると次第にうまさが減る（効用が減る）ということをいいます。収穫逓減は、作物を栽培する畑に労力と肥料を追加して収穫の増加を図っても、収穫の増加分は次第に逓減するという概念です。この概念を数式化しようとすると、数学の微分積分を取り入れなければなりません。

経済学を学ぶ学生の教科書として、もっとも広く読まれているアメリカの経済学者ポール・サミュエルソン（1915～2009）の本は数学的な知識がないと理解できない内容でした。私も学生時代に原書で読み、理解できずに苦労したものです。

今や、経済学はますます数学のようになっています。近代の経済学者は、数学ができないと何も主張できないということになってしまったようです。

しかし、経済学で数学が多用されているのは、「経済学をあたかも科学であるかのように見せかけている」ようにも思えます。現代資本主義批判の急先鋒である佐伯啓思京都大学教授は「科学っぽく見せるための数学的粉飾」と言っています。このような発言を経済学会ですると、お前は数学ができないからそのようなことを言うのだろうと、見下されるということです。

人間社会は機械仕掛けの時計ではありませんから、数式通りにはならず、すべてを説明し切ることはできないと思います。

経済学会の巨人　ガルブレイス

ジョン・ケネス・ガルブレイス（1908~2006）が書いた空前のベストセラー『不確実性の時代』（講談社）には数式が一つも出てきません。数式を用いずに書き上げたため、偉大なる小説家と揶揄《やゆ》する人もいるということです。ガルブレイスは史上最大の経済学者です。何しろ、身長が2m以上もあったのです。

ノーベル経済学賞

経済学の〝巨人〟ガルブレイスは『不確実性の時代』という空前のベストセラーを書き、アメリカ経済学会の会長でもあったにもかかわらず、ノーベル経済学賞を受賞して

ジョン・ケネス・ガルブレイス
Nederlands: "Top Management Forum" in Hilton Hotel in Amsterdam. Gastspreker professor John Kenneth Galbraith
カナダ出身の経済学者。2メートルを超える長身で、偉大な業績と合わせて「経済学の巨人」と評された。（1908年10月15日生まれ、2006年4月29日死去）

いません。

同時期にジョーン・ロビンソンも、ノーベル賞候補になったのですが、受賞していません。ロビンソンは女性初のノーベル経済学受賞者になるものと目されていましたが、「経済学を学ぶのは経済学者に騙されないようにするためだ」と述べたのが災いしたのかもしれません。

新自由主義の急先鋒だったミルトン・フリードマンは受賞していますが、フリードマンを厳しく批判していたポール・クルーグマンやジョセフ・スティグリッツも受賞しています。互いに相手の理論を批判しているわけですから、双方の理論は異なっています。

物理学賞や医学生理学などの自然科学では、互いに矛盾する理論はありません。自然科学は宇宙の原理を解き明かす科学ですから、一貫しています。一貫しておらず互いに異なる理論ということは、どちらかが間違っているのです。ということは、経済学は科学ではないと言うしかありません。

ポール・クルーグマンは『さっさと不況を終わらせろ（End This Depression Now!）』（早川書房）を著し、新自由主義（neo-liberalism）に基づいたＩＭＦや世界銀行の政策を批判しています。利子率がゼロに近い時期に、金融政策を講じてマネーサプライを増やしても、投資が増えることはないという、いわゆる「流動性の罠」にはまってしまっていると論じていました。

『世界の99％を貧困にする経済』（2012年）を著したジョセフ・スティグリッツは、『世界に格差をバラ撒いたグローバリズムを正す』（徳間書店）という本も出版して、IMFなどを批判しています。韓国が経済危機に陥った時に、IMFが支援の条件として財政健全化、生産性の低い企業の淘汰を求めました。その結果、韓国が極端な格差社会に陥ってしまったことは、スティグリッツだけでなく多くの経済学者が批判をしています。なお、スティグリッツは世界銀行の副頭取を務めたことがあります。

フリードマン対クルーグマンとスティグリッツの論争はかなり激しいものでした。鋭く対立しているにもかかわらず、双方とも受賞しているため、ノーベル経済学賞について疑問を呈する人がたくさんいます。

ノーベル賞とは

そもそも、ダイナマイトの発明で財を成したアルフレッド・ノーベル（1833～1896）によってノーベル財団が設立され、世界の科学の発展に貢献した人を顕彰するために、1901年に始まったのがノーベル賞です。ノーベル経済学賞はノーベル財団ではなくスウェーデン国立銀行によって、半世紀以上も後の1968年に始まったものです。

どうもノーベル経済学賞の選定基準に偏りがあるように思えます。日本人は一人も選ばれていません。候補者は宇沢弘文、浜田宏一などたくさんいたようですが、残念ながら一人も受賞していません。実は、東洋人は一人も受賞していないのです。

2002年にダニエル・カーネマンがノーベル経済学賞を受賞しました。行動経済学であるということになっていますが、内容はほぼ心理学です。ノーベル心理学賞はないので、経済学であるということにして、受賞したようにも思えます。

近頃、マーケティングの大家フィリップ・コトラーが、「マーケティングは経済学である」と言い始めています。日本経済新聞の「私の履歴書」にコトラーが登場していましたが、そこに「マーケティングは経済学である」と明確に書かれています。マーケティングは経済学であるということにして、ノーベル経済学賞が欲しいのではないかと言われています（私個人的にはコトラーが受賞することには賛成してもいいと思っています）。

ノーベル経済学賞は、アメリカを中心にした欧米がほとんどを占めていますが、どうも、アングロサクソン的な目線で選考が行われているようにも思えます。

よくわからない経済学

アダム・スミスの〝市場において売り手と買い手がせめぎ合い、供給と需要がバランスして価格と量が決まる〟というのはよくわかります。

ところが、〝供給が需要をつくる〟あるいは〝作ったモノはすべて売れる〟というジャン・バティスト・セイ（1767～1832）が唱えた「セイの法則」という理論があります。確かに、ヘンリー・フォードが「T型フォード」を安い価格で売り出したら、自動車の需要が喚起されました。日本では、TOTOが今までにない「温水洗浄便座」を発売したら、買う人がたくさん現れました。しかし、スーパーの棚に山ほど並んでいるビスケットをさらに増産しても、売上が増えるということはないでしょう。「セイの法則」にどれだけ深い意味があるのか、私の理解は及びません。

同じく、深い意味があるのかもしれませんが、よくわからないのは、有名なグレシャムの法則もそうです。「悪貨は良貨を駆逐する」というのです。確かに、汚れた1ドル紙幣ときれいな1ドル紙幣を持っていれば、汚いほうから使います。しかし、それが経済政策に活かせることなのでしょうか。

先に述べたサイモン・クズネッツの「クズネッツ曲線」、経済が成長しているときには貧富の格差が拡大するが、やがて経済が成熟すると格差は縮小するというのですが、実際にはそうはならず、むしろ格差が加速しています。これは、クズネッツの希望的推測にすぎないのではないかと思えます。

　アメリカの経済学者アーサー・ラッファーが考案したラッファー曲線という税率と税収を表すグラフがあります。税率が低いと税収は少なく、税率を上げると税収は増えるが、上げ過ぎると働く意欲をなくすため、税収は減ってしまうという理屈です。共和党のロナルド・レーガン大統領の時の減税政策の裏付けとされていたのですが、結果は税収は増えず、"Laughable"（笑える・ばかばかしい）"Ceorve"（曲線）と揶揄されました。中にはブードゥー教※経済学と貶《けな》した人もいたそうです。しかし、ラッファー

ラッファー曲線

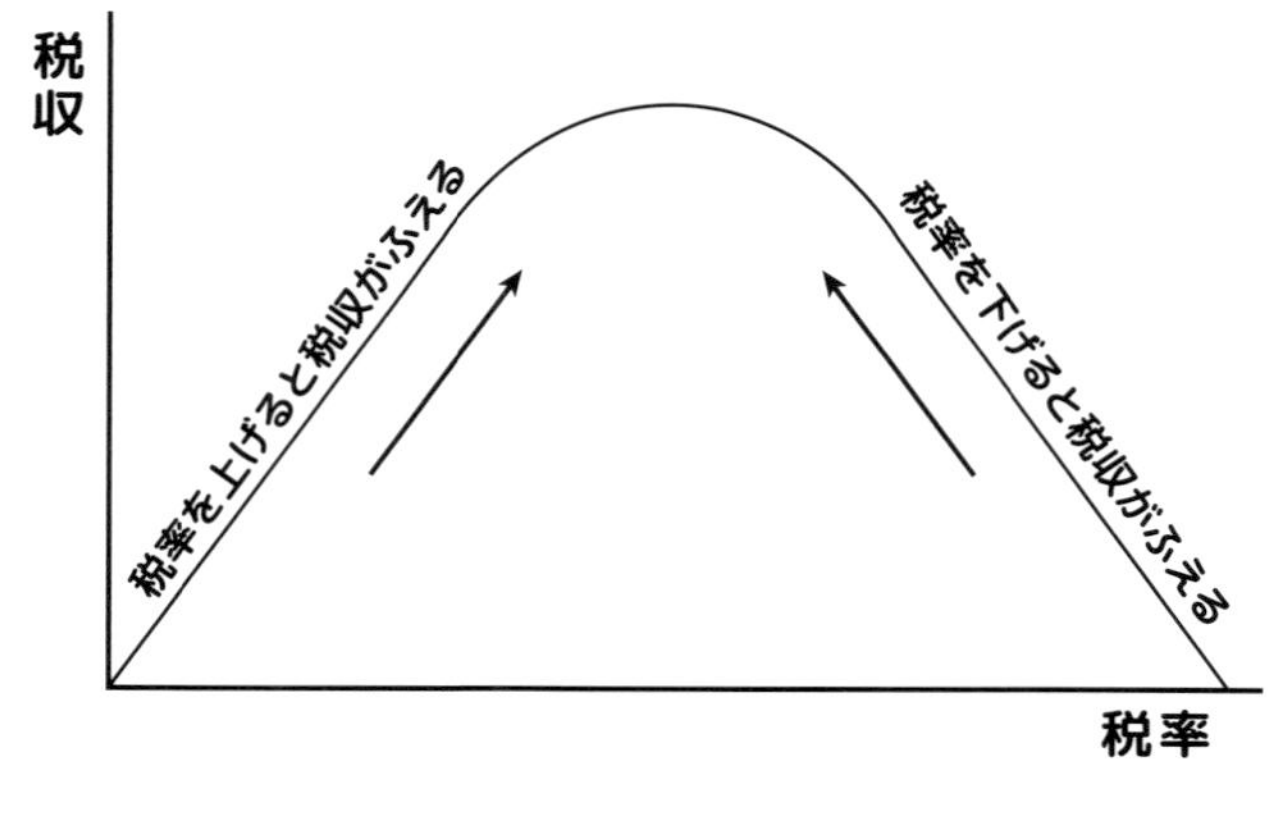

※**ブードゥー教**
アフリカの中西部の民間宗教、最も原始的で遅れた宗教と見なされている。

教授は共和党のドナルド・トランプ大統領から勲章をもらっています。共和党にとって都合のいい理屈だったようです。つまり、こうした経済学者の論争は背景に民主党と共和党との政策論争があるためにヒートアップしているのです。

ラッファー曲線は一理あるようには思えます。税率がゼロであれば税収はゼロ、税率が100％であれば国民は逃げてしまうでしょうから税収はゼロになるでしょう。そして、税収を最大にする税率がどこかに存在するとは言えることです。しかし、この曲線を用いて最適な税率を導き出すことはできません。

ラッファー教授はナプキンの裏に書いて説明したというエピソードが伝えられています。つまり、各国の各時代の税率と税収のデータをたくさんプロットしてパターンを浮き彫りにしたグラフではなく、説明するためにラッファー教授が描いた絵なのだと思います。

先に挙げたクズネッツ曲線も、多くの国々の成長時期と成熟時期の貧富の格差のデータをプロットして曲線を見いだしたのではなく、クズネッツ教授がこのようになるはずだと論じたときの説明のための絵なのだと思われます。

経済学においては、いかなる高邁《こうまい》な理論も再現することはできないのです。人間社会は常に変化していて、あらゆる現象が以前とは異なります。再現できないのですから、科学ではないのです。ですから、いろいろな説を唱える人が現れて、百家争鳴となるのです。

経済学理論は何パーセント信じていいのか

ジョーン・ロビンソンが心配していたように、経済学者の言うことを信じ切ってしまうと、騙されてしまいます。マルクス理論を鵜呑みにして、共産主義革命を夢見て日本赤軍を立ち上げた若者たちがいました。彼らがあさま山荘事件などを起こしたことは記憶していると思いますが、人生を棒に振ってしまったと言わざるをえません。

ジョン・メイナード・ケインズに心酔したケインズ信者は、ボーダレス時代になっても財政投融資を続けて財政赤字を増やしてしまいました。ケインズとは違うマネイタリズム政策に代えたら、今度は貧富の格差を広げてしまいました。どんな理論も完全に正解ということはないようです。

そこで、どれだけ信じていいのか、点数をつけたらどうでしょうか。

おこがましいことですが、仮に、私が点数をつけると、

どうでしょうか、100%信じると、騙されます。このように、ある程度参考にする

経済学理論	信頼度	
アダム・スミスの“見えざる手”	90%	★★★★★★★★★
セイの法則	40%	★★★★
ピグー効果	30%	★★★
マーシャル・クロス	90%	★★★★★★★★★
マルクスの計画経済	10%	★★
乗数理論	80%	★★★★★★★★
フィッシャーの法則	60%	★★★★★★
マネタリズム	70%	★★★★★★★
クズネッツ曲線	30%	★★★
ラッファー曲線	40%	★★★★
ピケティのr>g	60%	★★★★★★
MMT	50%~70%?	★★★★★ー★★

という受け止め方をすれば、有効に経済学を使えるものと思います。

経済学とは、まとめ

経済とは、基本的に循環しています。パンを100個焼いて市場で売り切るということを毎日繰り返していれば、それは定常的な循環です。

それを拡大させるのは、①人口の増加、②投資、③イノベーション（革新）です。

①人口の増加は需要を増やします。パン100個で足りなくなれば、増産されることになります。日本の高度経済成長時代は人口の増加が背景にありました。中国の急速な成長の背景にも、人口の増加がありました。

②投資は、乗数効果によって国全体の所得を増やし、パンの需要も増やします。パン焼き器を購入するという投資は供給を増やします。先行きが明るいと見た企業家は投資を増やします。先行きが暗く、民間の企業が投資をしなくなった場合に、国が財政投融資をして国民所得の増加を図るのが、ケインズ流の経済政策です。シカゴ学派のマネタリズム政策では、金融緩和をして民間の投資を促します。

③イノベーション（革新）は、新しい商品の提案や品質の向上をもたらします。よりおいしいパンを発売すればもっと売れるでしょう。ソニーのウォークマン、スティー

ブ・ジョブズのiPhone、TOTOの温水洗浄便座などの新たな商品を提案すれば、需要を喚起し経済は成長します。

ただし、日本のカイゼンのようにコスト削減をし、それを値下げにしてしまうと経済の縮小をもたらしてしまいます。

○貨幣について、

人口が増えたらその分の通貨も増やさなければなりません。政府の通貨当局は、ある程度、潤沢に貨幣が行き渡るための管理が必要です。民間による投資が減少した時に、投資を促すために、通貨当局は金利の引き下げを行います。過剰に行うと物価の上昇を招き、インフレになります。逆に金利を引き上げると投資が抑制され、乗数効果が途絶えて、需要が縮小します。昨今、欧米諸国が行っている金利の引き上げ政策は、需要を抑制しインフレを抑えるために行っている政策です。

こうした貨幣の政策はマネタリズムですが、マネタリズムでコントロールできるのは、投資だけです。人口とイノベーションはコントロールできません。

第十章

新しい経済学

新しい経済学

私が好きなバーナード・ショーの名言があります。

「もし君と僕がリンゴを交換したら、持っているリンゴはやはり、ひとつずつだ。でも、もし君と僕がアイデアを交換したら、持っているアイデアが二つずつになる」

現在の情報化社会ではこのようなことがたくさん起こっているように思えます。

売っても減らないビジネスモデル

ユニ・チャームの創業者高原慶一朗氏に、私が創業したプラネットについて「プラネットのビジネスモデルの良いところは何か?」と問われたことがあります。私は「売っても減らないところです」と答えました。

ユニ・チャームの製品は売れれば、在庫が減りますから、工場で生産をしなければなりません。供給は無限ではありません。プラネットは通信サービスですから、お客さんが増えて要望がどんなに増えても、いくらでもサービスを提供(供給)できます。しかも、追加コストなしで……。

アダム・スミスの〝見えざる手〟が働く市場原理は、供給と需要とのバランスで量と価格が決まるとされています。しかし、現在社会では無限に供給がある市場があるわけです。マーシャルがアダム・スミスの〝見えざる手〟を数学的なグラフ（マーシャル・クロス）をもって説明してくれましたが、無限の供給がある市場を説明できません。

供給が無限だということになれば、マーシャル・クロスは供給曲線は右の壁に張り付いてしまって、需要曲線との交点を見いだせません。したがって、この問題の解答を出してはくれません。

例えば、空気。無限の供給があり、値段がついていません。太陽光もそうです。経済学の命題の一つに、「限られた資源を人類のために最適に配分する方法論」という

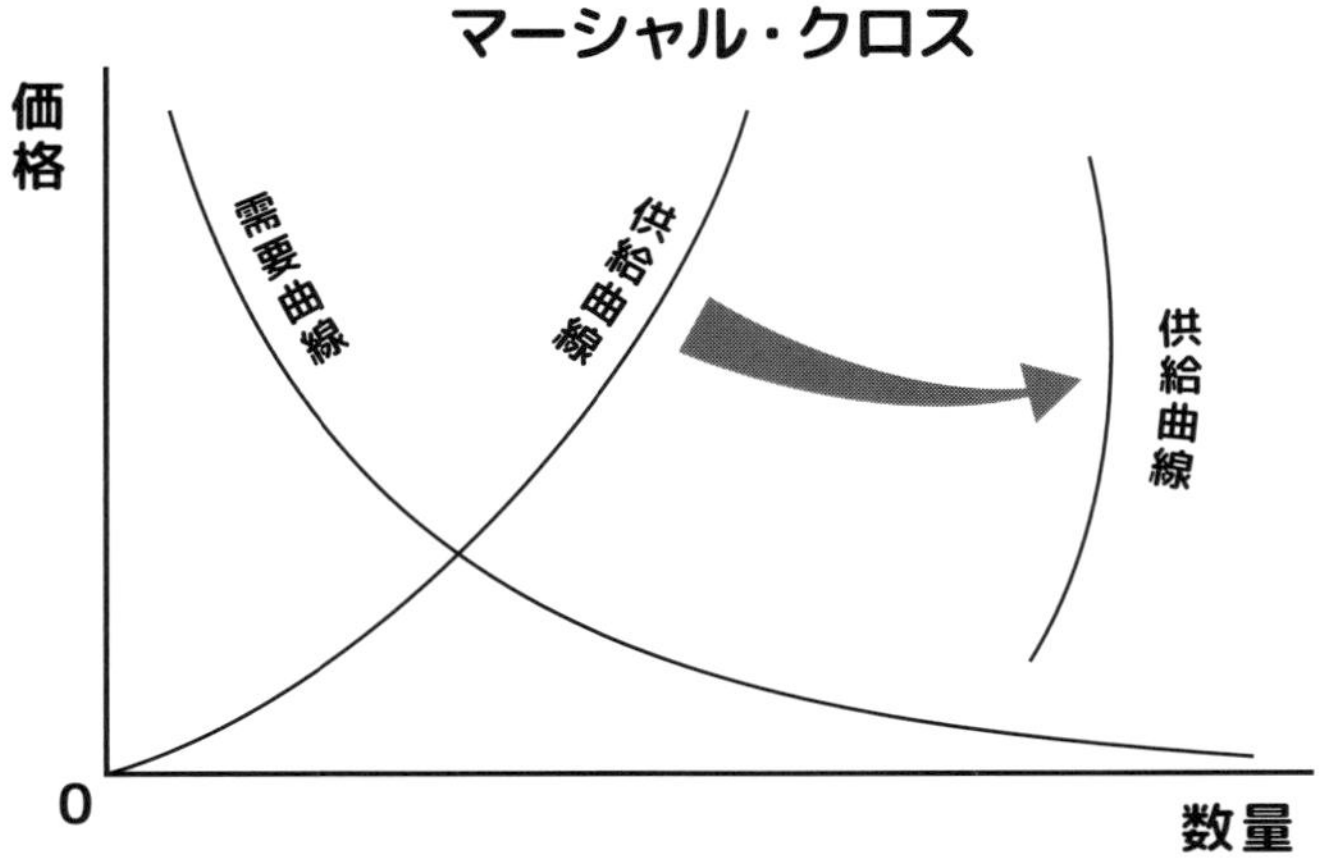

無限の供給があると供給曲線が右の壁に張り付いてしまう

のがあります。したがって、空気や太陽光は限られた資源ではありませんから、経済学の対象ではなく、単なる自然環境ということになります。もちろん、空気や太陽光に値段はついていません。

しかし、無限に供給できるのに値段がついているものもあります。サザンオールスターズやユーミンの曲。いくらでもコピーして供給できますが、値段がついています。当事者は折り合いをつけて価格を決めているのです。価格がゼロであれば、誰も供給しようという人はいませんから、供給はゼロということになりますので、供給者側の製造コストと利益という別の理論が必要になると思います。

誰か経済学者の方に、その折り合いの原理を解き明かしてもらいたいものです。

産業革命後、分業が進んだ

アダム・スミスは、製造工場で作業を分担して生産している姿を見て、「分業は専門化による技術の習熟が進み生産が増える」と言っています。

現代社会では、部品を作る専門の会社が多数あり、その部品を集めて組み立てる工場があります。いわゆる分業化社会となっています。例えば、自動車工場は、シャーシ、エンジン、バッテリー、タイヤ、窓ガラス、座席、ヘッドライトなどを作る会社から部品を集めて組み立てています。さらに、ヘッドライトを作る工場は、ガラス、ＬＥＤ、銅線などの原料メーカーから購入しています。こうした現代の分業でも、アダム・スミスの言うように専門技術の習熟が進み品質が向上しています。

自動車メーカーは広く部品を調達していて、部品を製造する会社は下請けと呼ばれ、さらにその先の部品や原料の会社は孫請けと呼ばれ、いわゆるすそ野が広い一大産業となっています。

分業化した社会を繋いでいるインフラ

さて、そうした数多い下請けや孫請けの会社を繋ぐのは、道路、鉄道、船、飛行機、など輸送あるいは移動を効率化するインフラです。そして、忘れてはならないのが通信です。

組み立て工場と部品工場とが川や山に隔てられている所に橋を渡しトンネルを通せば、よりスムースな分業体制ができます。そして、双方を通信によって生産システムと物流管理システムに繋げば、効率的なサプライチェーンができます。

こうしたインフラは、自動車部品の調達ばかりではありません。農産物や水産物を新鮮なままで届けることができれば、商品の価値を上げることができます。労働者の通勤にも用いられます。

このように、広く考えられるのですが、経済学では、相変わらず街灯のようなものが公共財で、それは政府が税金で作るものだと論じています。

インフラの要件は「安全・標準・継続・安価」

さて、インフラの要件とは何でしょう。私の考えでは、「安全・標準・継続・安価」であると思います。道路や鉄道は完璧な安全はありませんが、極力安全を志向する必要があります。皆が使えるようにするためには標準が必要です。電気は100ボルト、道路を走る車は左側を通る、信号は赤青黄色となっていますので、皆が使えるのです。また、皆が依存するようになりますので、継続しなければなりません。そして、できればなるべく安くすることが必要です。基本的には、共同利用ですから、単独で構築するより安くなるのですが、さらに安くすることを志向するべきでしょう。

地域特化型インフラ

こうしたインフラは、国民全員が使えるように国の主導で作られますが、全国民ではなく一部の地域の人たちだけが使っているインフラもあります。

例えば、農村が共同で使う農業用水です。村のための農業用水は、村人の労力とお金で作られ、その地域の住民だけしか利用できません。こうした構造は地域特化型インフラと呼びたいと思います。

長野県安曇野市には、多くの村が共同で開削した大規模な農業用水「堰《せき》」があります。江戸時代に地元民の努力で作られたもので、今は文化遺産になっています。

安曇野拾ケ堰（農業用水路）

業界特化型インフラ

同じように、業界企業だけが使う業界特化型インフラもあります。

日用品・化粧品業界には、業界のメーカーと卸店だけが使う「プラネット」という共同受発注通信ネットワークがあります。

1985年の通信の規制緩和が行われた年に、ライオン、ユニ・チャーム、資生堂、サンスター、エステー、クレシア、ジョンソン、牛乳石鹸の8メーカーと業界卸店200社とで、コンピューターとコンピューターとを繋いで日々の取引を自動化するネットワークができました。メーカーも卸店も業界の商習慣に合った通信仕様のシステムを一つ作ると、多数の相手と電子的な取引ができます。設立から約40年経ち、今ではメーカー約900社、卸店約500社が共同利用し、業界の95%以上の取引をカバーしています。

実は、この業界特化型インフラ「プラネット」は、私が業界各社の社長に提案して作ったものです。1985年の通信の規制緩和によって通信を民間企業が自由に行えるようになったのですが、各社の自由に任せていたら、端末機だらけになりネットワークの錯そうが起こります。そこで、先手を打って業界のメーカーの社長を説得して業界共通のインフラを作ったのです。

「プラネット」のパートナーはインテックですが、インテックは加工食品業界にも提案をして、加工食品業界の業界特化型通信インフラ「ファイネット」を1986年に作っています。なお、「プラネット」はインテックが他業界に「プラネット」のノウハウを適用することを許諾しています。

「システムは共同で、競争は店頭で」

石鹸やトイレットペーパーを作るのが得意な日用品のメーカーは、同業社と日々競争していますが、通信の利用技術で競争することが果たして良いことなのでしょうか。業界には多くの卸店があって、多くのメーカーの共通する取引先になっています。そのため、メーカーが通信で競争を始めてしまうと、通信方式に統一性がなくなり、卸店に大きな迷惑がかかります。

通信で受発注や請求回収という日々の取引業務をコンピューターtoコンピューターで処理することは、単なる事務処理であって付加価値を生み出しません。競争すべきは、品質とコストと消費者サービスです。言うなれば、プラネットはよりレベルの高い競争をしてもらうための環境を整備しているのです。

そのため、プラネットは「システムは共同で、競争は店頭で」というキャッチフレーズを掲げました。そして、先に記したインフラの要件に「中立」を付け加え「安全・中立・標準・継続・安価」としています。

これは、何でもかんでも自由市場における競争に任せるべきと唱えているシカゴ学派流の新自由主義とは相反する考え方かもしれませんが、アメリカにも公共財（インフラ）があり、社会が共同利用しているわけですから、その社会をどの範囲で考えるかの違いになると思います。

良いインフラがあると多様性が保たれる

日用品業界には、洗剤やトイレットペーパーだけではなく、耳かき、綿棒、お線香、石鹸箱、洗濯ばさみ、輪ゴム、ハタキ、ほうき、祝儀袋、割り箸、爪楊枝などを作っている多くの零細なメーカーがあります。こうしたメーカーが通信を利用する技術に対応できずにはじき出されては消費者が困るのです。

耳かきは、コンビニにもドラッグストアにもぶら下がっていますが、150円ほどで売られています。これは、プラネットという業界共同インフラがあり、卸店が本来の役割を果たしているから、日用品雑貨を扱う小売店舗は40万店舗ほどありますが、めったに売れない耳かきが安い値段で置いてあるのです。

頼りになる業界特化型インフラがあると、本来の仕事に専念でき、品質も高まり多様性も保てます。また、そのインフラを利用することによって新たな事業を始めることもできます。

良いインフラがあると新しい事業を始めることができる

世界の都市の中で、日本はミシュランの星がついているレストランがもっとも多いということです。日本中から旬の食材を適時適量取り寄せることができる素晴らしいクール宅配便というインフラがあるからだと思います。Amazonは、日本でもっとも成功していますが、それは、日本の優れた宅配便というインフラの上で成功していると考えられます。

日本には、自動車メーカーが14社もありますが、これほどたくさんの自動車メーカーがある国は他にありません。それは、たくさんの自動車部品メーカーが存在し、それらが日本のインフラで繋がっているからだと思われます。

先に記した長野県の安曇野の農業用水「堰」では、多くの田畑が開かれていますが、水質の良さを利用してマスの養殖を始めた人がいます。また近年、ワサビの大規模栽培農園ができ、それが観光地にもなっています。良いインフラがあると、新たな産業の花が開くのです。

インフラは国家なり

インフラは、国民の健康的で文化的生活を支えているものですが、産業にとっても効率的な経営ができる基盤です。つまり、インフラは国家の基礎なのです。

春秋時代※の中国では、「水を治めるものは、国を治める」と言われていました。これは堤防というインフラを整備し洪水を防止し、農業を安定させるからです。ドイツの宰相ビスマルクは「鉄は国家なり」と言いましたが、私の考えでは「インフラは国家なり」と言いたいのですが、いかがでしょうか。

※**春秋時代（しゅんじゅうじだい）**
中国における時代区分の一つ。周の平王が王に即位した紀元前770年から現在の山西省一帯を占めていた大国「晋」が韓・魏・趙の三国に分裂した紀元前453年までを指す。この春秋時代の呼称は、周代に成立した儒家経典の一つである歴史書『春秋』から取られている。

インフラを論じる経済学がない

経済学で、インフラを論じたものが見当たりません。「交通経済学」という一分野がありますが、道路と鉄道による人と物の移動の需要と供給が論じられています。前出のピグーが研究し、「交通経済学」は新たなジャンルとなっていますが、インフラ全体を論じているわけではありません。

これからの新たな経済学として、インフラの経済的効果について論じる新たな経済学が出現することを期待したいと思います。

最終章

日本の時代

日本のＧＤＰは世界第4位

世界第2位だった日本のＧＤＰは、中国に抜かれドイツに抜かれて世界第4位となっています。いずれ、インドにも抜かれると目されています。

ＧＤＰとは国内企業が作り出したモノとサービスの総和です。ＧＤＰの統計は一年間の売上を合計していますので、フローの大きさを表していて、国の経済の大きさの基準となっています。

実は、このＧＤＰの計測基準は、あのクズネッツ曲線を考案したサイモン・クズネッツが策定したものなのです。第二次世界大戦の前に、アメリカ政府が戦費の適性基準を割り出すためにクズネッツに依頼したということです。アメリカ経済の大きさを計測して、軍の予算の割合を計算しようとするもので、なるべく大きく見せるために、ギャンブルなどの売上も計上されています。

ＧＤＰについては、国の豊かさを表す指標としては、ふさわしくないとの批判があるのですが、いずれにしても、ＧＤＰはフローだけの指標です。

国の豊かさは、フローだけではありません。いかに優良なストックがあるかも重要です。その点、日本には新幹線をはじめ、質の高い水道、耐震性に優れた建物など優れたインフラというストックがたくさんあります。しかも、それらは日本人特有の集団主義的な維持管理と運営がされていますので、良質な状態で存続しています。また、日本人の貯蓄好きによって、多額の金銭的ストックもあります。国内での貯蓄だけでなく、海外資産の保有額は世界一と言われています。

ストックを、的確に測定できる基準があり国際比較がされれば、日本の豊かさが正当に評価され、かなり上位にランクされるものと思われます。日本で生活している日本人としては、ＧＤＰだけを見て悲観する必要はないと思います。

日本の自然の多様性

芝生しか生えないスコットランドの牧草地で、牧童たちが玉転がしをして遊んでいたのがゴルフの発祥と言われています。バンカーは風を避けるために羊が掘った穴だということです。日本ではあり得ないことです。日本では､多くの種類の草が生い茂るため、自然の平原で玉を転がすなどという遊びはできることではありません。

イギリス周辺の海には寒流しか流れていませんので、芝生しか生えない土地が多いのです。つまり、植物の多様性が乏しいのです。日本列島には暖流が流れてきて、多くの植物の種が運ばれてきていますので、イギリスに比べて圧倒的に多様な植物が繁茂しています。
日本のゴルフ場は、常に雑草を除去しないと、玉転がし遊びはできません。

自然の恵み　軟水と硬水

そして、あまり知られていない日本独特の自然の恵みがあります。それは、日本の水が軟水だということです。ヨーロッパと北アメリカは硬水です。日本でも沖縄など一部地域が硬水です。硬水だと、洗剤が溶けにくくなりますので、日本の洗剤メーカーは沖縄には硬水用の洗剤を配荷しています。

日本食では、鰹節や昆布を煮出してうまみ成分を取り出して料理に使っています。いわゆる出汁《だし》ですが、このうまみ成分を硬水では煮出せないのです。無理に煮出すと嫌な苦みが出てしまいます。フランス料理の巨匠がパリで出汁を再現しようとしてもなかなかできることではないのです。つまり、軟水こそ日本にとっては大きな自然の恵みなのです。そのため、和食が世界無形文化遺産になり、ミシュランの星が日本が世界一多くなったのです。

日本人は集団主義

最近の考古学の研究で、日本の縄文時代は1万年以上続き、豊かな生活をしていたということがわかってきました。発掘しても、武器が一切出てこず、長い間平和な時代だったということです。また、稲作は弥生時代からと考えられていたのが、縄文時代に稲作が始まっていたということもわかってきました。

つまり日本人は定住生活をしていた農耕民族だったということです。稲作は大変に手間がかかりますので、村人総出で田植えをし、秋には稲刈りをしなければなりません。いわゆる集団主義的な活動を長年続けていたのです。

集団主義的な活動とは、皆が目的を理解していて、自律的に動くことをいいます。非常に効率的な集団活動ができるのです。

集団主義の問題点

集団主義はリーダーを必要としません。たまに変わったことを言う人は変わり者で、音頭を取る人はお調子者と言われ、リーダーが育たないのです。リーダーがいないということは変化できないということです。安定した時代は良いのですが、環境が変わったときの対応が遅くなります。

もう一つの集団主義の問題点は、強力なリーダーが現れたとき、あるいは全員が思い込みをしたときには、全体主義に突っ走ってしまう可能性があることです。日本が全体主義になってしまったときは、蒙古襲来と太平洋戦争を始めた時です。鎌倉時代に、チンギス・ハンの大軍が日本に攻めてくるという危機感によって、北条時宗が武士団をまとめて九州の守りを固め蒙古軍を撃退することに成功しました。

第三章で紹介した本『明治維新という過ち』（原田伊織著）にあるように、幕末から太平洋戦争まで、列強の脅威に対抗しなければならないという思い込みによって突っ走ってしまいました。これによって、日本人は好戦的だというイメージが広まってしまったのです。誠に残念な時代でした。

集団主義は良いインフラを創り出す

集団主義は働きバチのようなものです。働きバチは、それぞれが六角形のセルを作るうちに大きなハチの巣を創り出します。集団主義は、全員が何のために働いているかを理解していますので、目的に合った構造物を創り出すのです。

東京の鉄道は山手線などのＪＲ、地下鉄、モノレールなど実に80本もあります。それぞれが独自に造られているのですが、乗り換えに便利なように配慮されていますので、戦後80年たった今日では、大変に便利な移動手段ネットワークが出来上がっています。つまり、東京の鉄道は単なるラインではなくネットワークとして機能するようになったのです。

集団主義はインフラを上手に運用する

集団主義は、近隣の人のために良かれと思うことをします。

日本の鉄道やバスが時刻通りに運航されていますが、それは人に迷惑をかけたくないという集団主義的な意識が働き、正確に運航しようと努力をしているからです。通勤客の多くは、乗り換えをするため、他社の鉄道のダイヤに合わせなければならないという意識も働きます。都心の地下鉄の運転手のダイヤは15秒単位だということです。

日本の工場の現場のカイゼンが有名ですが、これも次の工程の人に良かれと思う工夫をします。決められたことしかしない個人主義的な人たちとは違うところです。

世界一の宅配便

日本の宅配便は世界一安全で確実だといわれています。ヨーロッパでは、宅配便がまったく信用されていない国が多いのです。紛失、盗難が頻発するからです。無事に届いても、段ボールを開けた形跡があるのは当たり前なのだそうです。

その差は、やはり治安の良さにあります。日本では、宅配便のトラックの扉が開け放しになっていても、盗まれることがありません。レストランの裏口に食材などが置かれているのをよく目にしますが、盗む人がいません。

日本のトラックの運転手は一人です。日本人は当たり前と思っていますが、世界では二人が普通です。それは、盗難を防ぐためですが、第三者からの盗難ではなく、運転手による窃盗を相互に監視するためでもあるのです。

良いインフラの上に花が咲く

集団主義的に構築された日本のインフラの構造と集団主義的に運営されている日本のインフラは、品質が高いと言っていいと思います。おまけに、治安の良さが安定的な継続をもたらしています。

前章に記したように、良いインフラの上に、良い商品が生まれ、良いサービスが行われるのです。つまり、アダム・スミスが言ったように、分業が進むと、その分業の習熟度が進み、品質の向上を生み出すのです。

ガラパゴスで良いのだ

集団主義社会では、近隣の人に喜ばれるようなものを創り出そうとします。そのため、グローバルには通用しない、いわゆるガラパゴス現象といわれるモノができるのですが、しかし、ガラパゴスなモノが悪いわけではありません。人類80億人に満足されるモノを作ろうとすると、当たり前で面白くないチープなモノになってしまいますが、ガラパゴスなモノは特長があってユニークです。

『爆買いの正体』を著わした鄭世彬《チェンスウビン》は、「外国人観光客のための商品やサービスを作らないでほしい。日本人が作った日本人のための商品とサービス、それが外国人にとって憧れなのである」と書いています。

外国人による日本理解

2023年コロナ禍が明けて、再び多くの外国人観光客が来日しています。コロナ前は中国人が多かったのですが、コロナ後は欧米人が急速に増えています。彼らは、日本食がおいしい、トイレがきれいで清潔、街にゴミが落ちていない、空気が清浄、治安がいいなどなど、お気に召していただいているようですが、

日本には、

◎世界最古の会社〝金剛組〟
◎世界最古の木造建築〝法隆寺〟
◎世界最古の王室〝天皇家〟
◎世界最古の詩集〝万葉集〟
◎世界最古の女流作家による小説〝源氏物語〟
◎世界最大の墓〝仁徳天皇陵〟
◎交通事故死と犯罪が減り続けている唯一の国
◎ミシュランの星が世界一など、

まだまだすごいものがあるのです。いずれ気が付いてくれるでしょう。

感性による理解と理性による理解

先に記したように「選ばれた民」という言葉が何度も出てくる旧約聖書を経典とするキリスト教徒は選民意識を持っていますので、前世紀までは、自分たちとは違う文明をすべて野蛮で遅れていると認識していました。極東アジアにある日本の文明も珍しいモノで興味深いとは見ていたものの、リスペクトするべきものとは見ていなかったと思われます。

ところが、近年日本をより深く理解する人が増え、リスペクトしてくれるようになってきたように思えます。取りあえず、彼らは感性による評価をしてくれるようになったのです。

そして、2023年に理性による評価をしてくれる人が現れました。世界的に有名な投資家ウォーレン・バフェットが日本の商社の株を買ったのです。日本の商社は世界にはない独自のビジネスモデルです。欧米にはブローカーや貿易コンサルタントなどはいますが、日本の総合商社のようなモデルは見当たりません。日本の商社を異質であると理解しなかったのですが、初めてバフェットが認めたのです。投資家というものは、極めて唯物的で合理的な考え方をしますので、バフェットによって理性による理解が始まったということです。

心地いいとかおいしいという感性による理解とともに、これからは計算づくの理性による理解も深まると思われます。世界と日本との新しい関係の幕開けになることを期待できると思います。

やはり日本は特別

「自分は特別、我が社は特別」などとは、なるべく言いたくない言葉ですが、「やはり、日本は特別」なのです。

サミュエル・ハンチントンの名著『文明の衝突』（集英社）では、世界の文明を「西欧、ギリシャロシア正教、ラテンアメリカ、ヒンドゥー、イスラム、アフリカ、中華、日本」の八つに分けています。日本だけは、一つの国で特別だとしています。社会人類学者レヴィ・ストロースも「日本文化は比類がない」と述べています。この二人は、気候風土、民族、言語、食、文化など詳細にわたる検証の結果、結論付けています。

1922年に船で日本を訪れたアルベルト・アインシュタインは、各地で講演をしながらおいしいものを食し、特にてんぷらが大好きになったということです。そして、この20世紀最高の科学者アインシュタインは「神に感謝する、この世界に日本人を作り置いてくれたことを」と言ってくれています。

ピーター・ドラッカーは、アメリカのテレビのインタビューで「次の社会を導く国は?」という質問に「それは日本である」と答えています。この世界でもっと人気のある経営学者ドラッカーは、イギリスでケインズの講演を聴き、自分は「商品の経済学」ではなく、「人間の経営学」の道に進もうと思ったそうです。また、ドラッカーは、日本の禅画に出合い、コレクターになっています。禅画を収集するというのは、相当な理解者だと思います。

アインシュタインもドラッカーもユダヤ人です。この二人はナチスの迫害を逃れてアメリカに渡っています。常に世界の情勢に神経を研ぎ澄ましているユダヤ人ならではの理解には価値があると思います。

これからの日本経済

2024年になり、日本株が高騰し、史上最高値をつけました。先に記したバフェットによる日本株への投資が一つのきっかけになっていると思います。これから欧米資本とオイルマネーがさらに流入してくると考えられます。

もう一つは、中国の経済が低迷し始めたため、中国から資本を引き上げた投資家が日本へ投資するようになっています。次に記しますが、中国はかなり長く低迷すると思われるため、日本市場への資金の流入は今後も続くものと考えられます。

中国の経済が低迷

２０２３年の中国経済の成長率は実質5.2%、名目4.6%と発表されています。本当に5.2%の成長があったのかを疑う人もいますが、実質より名目が下回っていることはデフレ状態であることを示しています。また、従来の成長率から見ると、かなり下がってきているのは確かです。

中国政府は、２０２３年の6月に若年層の失業率が21・3%だと発表したのですが、その後は発表されなくなってしまいました。このデータには、就職を諦めて留年あるいは大学院に行った学生が含まれていないため、実体は40%ぐらいではないかと言われていました。そして、11月に調査方法を変えたとして12月に若年層の失業率を14・9%と発表しました。わずか半年で、21・3%が14・9%になったというのは、相当に作為的な数字のように思えます。なるべく良く見せようとしているのでしょう。

かつて、旧ソビエト連邦が国民の寿命が短縮し男性の寿命が50歳代になってしまった時に、発表をやめてしまったことがありました。共産主義国家は国の威信が優先されるのでしょう。

今中国でいちばん問題になっているのは、不動産バブルがはじけて、巨大な不良債権が積み上がっていることです。最大の不動産会社恒大集団が営業停止になり、香港の裁判所が清算命令を出しています。しかし、中国には破産手続きの法的整備がされていませんので、どう始末することになるかが不透明です。

また、中国政府は、元が安くなり始めたのを見て、金利を引き上げました。これによって国内投資が減少し、景気に一層のブレーキがかかってしまいました。近代経済学の常識から見ると、理解不能な政策です。国際為替市場で元を高く見せようというだけで、このようにしたのだと思われます。やはり、国家の威信のほうが大事なのでしょう。

経済通と言われていた李克強前首相が急死してから、中国政府には近代経済学を理解している人がいなくなったといわれています。今後、理にかなった経済対策が講じられることは期待できませんので、中国の低迷は長引くものと思われます。

日本に有利なＭＭＴ

先に記したＭＭＴは、日本にとって追い風になる経済理論です。ＭＭＴによれば、通貨を発行できる国の財政は破綻することがないということですから、ＧＤＰの2倍以上の財政赤字が積み上がっている日本国にとって、頼りにしたい理論です。ただし、この理論が当てはまる国は、その国の通貨が国際的に通用するものでなければなりません。

国際的に通用する通貨は、ドルと円とユーロしかありません。世界第2位の経済大国の中国の元は、いまひとつ信用がありません。なぜなら、中国はビジネス上の約束が守られないことが多いからです。中国企業の見積書は信用されていません。見積書に書かれている金額と納期を約束とは思っておらず、単なる見通しでしかないようです。

したがって、中国の元はＭＭＴに当てはまることはないと思われます。

日本の人口問題

日本人の少子高齢化が問題になっています。人口の減少が続き、２０５０年には人口が1億人を下回ると予測されています。

しかし、日本に定住している外国人は３４１万人ほどいます（令和5年末現在）。また、観光客が２５００万人ほどですが、数年後には４０００万人以上になると予測されています。この観光客が日本人の10分の1ほどの消費をしてくれれば、国内消費人口の４００万人分に相当します。これらを足し算すると、当面の間、国内消費需要はそれほど減らないのではないかと思われます。

問題は、労働人口の不足です。これはアジアから若い人に来てもらうしかないと思います。ある程度の受け入れ態勢の整備が進んでいることに期待したいと思います。

日本文化　アニメ、まんが

日本のアニメや漫画が世界に影響を与えています。「キャプテン翼」を読んでサッカー選手になった、「ドラえもん」を見て日本に行きたくなった、などなど、広く影響を与えていますが、実は日本人にも大きな影響を与えているのです。日本の家庭教育や学校教育が受験に偏っていると言われる中で、「アンパンマン」などで日本人の助け合いの精神や仲間意識を学び、集団主義の精神を継承しているものと考えられます。

これからの希望　美術工芸品

日本のアニメや漫画・映画・文学が世界に広まっていますが、日本の絵画や工芸品の現代の作品も高く評価されるようになっているのをご存知でしょうか。

ゴッホ、セザンヌ、フェルメールなどは軒並み100億円もの価格が付いていますが、これらはもう制作されることはありません。日本の現代作家の平松礼二、草間彌生、奈

宮村秀明
Vase with blue hare's fur glaze
株式会社プラネット 所蔵

良美智、村上隆、アメリカにアトリエがある千住博、宮村秀明などは現役ですから、まだ作品が生み出されていますが、数億円の値が付いています。

２０２１年に１０７歳で亡くなった篠田桃紅の作品は10倍以上に高騰しました。篠田桃紅は『一〇三歳になってわかったこと』（幻冬舎）という本を出版していますので、ご存知の方もいるかと思いますが、篠田桃紅は43歳で単身ニューヨークに渡り、墨絵を書き始め、それが認められ、ニューヨークのグッケンハイム美術館などに収蔵されています。晩年は日本で制作を続け多くの作品を遺しています。

また、超絶技巧の陶芸作家の板谷波山や陳寿官の作品が、ニューヨークやパリのオークションに出品されれば、かなりの高値が付くに違いありません。

また、日本の刀剣、甲冑などの価格も急騰しています。侍文化に憧れる欧米人が増え、富裕層がコレクションを始めているからです。日本刀や鎧兜は供給が限られていますので、まだまだ値上がりすると考えられます。

日本の超絶技巧の一つに〝自在〟があります。写真は金属でできた海老の自在の置物。尾びれ、足、ヒゲを自在に動かすことができます。

この他にも、漆器、織物、木工など、まだユニークな日本製品がたくさんあります。これらも評価が上がるものと思われます。

篠田桃江　Shibumi
玉生 弘昌 所蔵

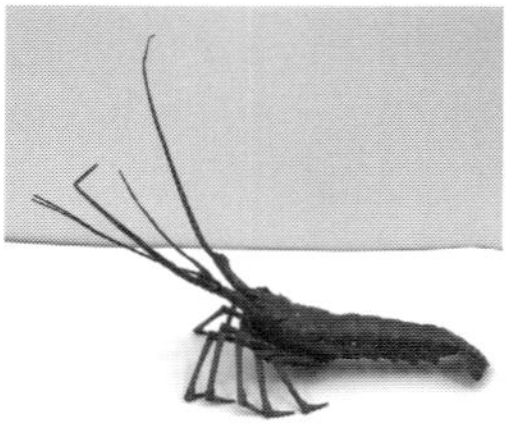

作者不明　海老の自在
玉生 弘昌 所蔵

日本人こそ、日本の文化芸術を理解しなければならない

19世紀の後半、日本からヨーロッパに輸出されていた陶器や漆器などを包装する緩衝材として、浮世絵が刷られた和紙が使われていました。その浮世絵のしわを伸ばして見たヨーロッパの印象派のゴッホ、モネ、セザンヌなどが評価し、制作の参考にし始めて、ジャポニスムブームが起こったのです。

つまり、日本人は浮世絵を包装材料にしていたのですから、そのグローバルな価値にまったく気付いていなかったということです。そのため、日本で粗末に扱われていた絵画や工芸品が多数、海外に流出してしまいました。

これからは、日本人各人が日本の歴史や文化芸術を勉強していただきたいと思います。日本の社会・文化・芸術などをグローバルな視点で理解した上で、世界に発信することが重要です。

天然資源あるいは農産物しか売るものがないという国に比べれば、日本国は相当に恵まれているのです。日本人の皆さんには前向きな希望を持っていただきたいと思います。

世界が平和であることを祈りつつ、以上で筆をおきたいと思います。

歌川広重
「近江八景之内 瀬田夕照」

あとがき

人間の認識能力には、

・目で見て匂いを嗅いで触って存在を知るという五感による認識
・理論を積み重ねて理解をするという理性的認識
・美しいか正しいかを直接的に感得する直観的な認識能力（上智あるいは悟性といわれることもあります）

の三つがあります。

目で見たり匂いを嗅いだりという能力は、犬も猫も有していて、むしろ人よりも優れている可能性が高いようです。理性については、ある程度の因果関係を理解している動物は多く、理性的な理解力はあると思われます。しかし、人間が違うのは、複雑な言葉を持っていることと文字を創り出したことです。これによって、知識の伝達と記録ができるようになり、知り得たことを蓄積できるようになったことが、大きな進歩をもたらし、人類は動物との違いを生み出したのです。

天文学、物理学、化学、医学、数学などの自然科学は、理性による言葉と文字による知識の蓄積によって大きな成果を上げています。ただし、自然科学は美しいとか正義であるかという価値を排除して理論を積み上げます。つまり、没価値的で唯物的な理論展開をします。そのため、原爆のようなものができてしまうということも起きます。

政治学、社会学、経済学などの人文科学では、いかに衣食住を満たして健康的な生活を実現できるか、また創造性豊かな文化的生活をもたらせるか、という価値をめざして理屈を積み上げています。自然科学のような没価値的で唯物的ではないのです。

ところが、経済学では、自然科学を真似て純粋理論的に構成しようとする傾向があります。マルクスは唯物的な論理を積み上げて『資本論』を書きました。近代経済学では数学を駆使して説明しようとしています。人文科学は唯物的な合理性だけで理論を積み上げると、本来の人類的な価値を見失う可能性があります。

第三の認識能力による学問は、美学や神学があります。しかし、これこそ言葉による伝達が難しいのです。例えば、ミロのビーナスの美しさを言葉で伝えようとしても、伝えきれません。神の言葉も、言語にした途端に、人類が作り出した言葉の領域を超えることができません。ユダヤの律法も聖書もコーランも言葉で表されているわけですから、限界があるのです。では、それが無意味かというと、そうではありません。なぜなら、不完全かもしれませんが、記録されて子孫に伝わるからです。

人文科学では、人類の価値を理念として論理を積み重ねるのですが、なかなか表現し

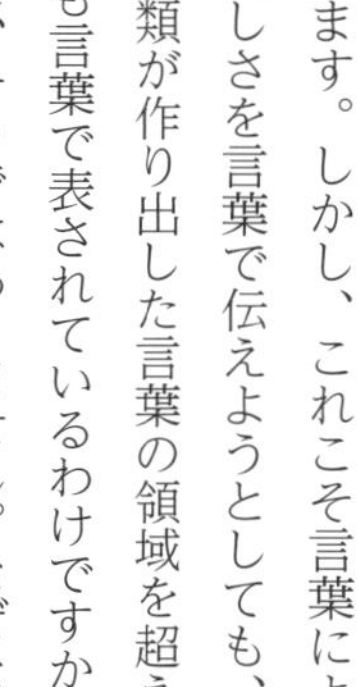

ミロのヴィーナス
紀元前2世紀ごろ古代ギリシアで制作された彫刻の女性像で、パリのルーヴル美術館で展示されている。

尽くせないため、多言を弄《ろう》することになります。経済学の本が分厚いのはそのためだと思われます。

経済学も限界があるのですが、知識の蓄積を続けて、少しでも人類社会が良くなるように研究を続けてほしいものです。

そして、経済学を学ぶ者としては、限界を理解しながら、真実をつかみ取るための洞察力を高めてほしいと思います。

経済学史　参考文献

世紀	時代	西暦	日本の出来事	海外の出来事	アメリカの大統領	政党
15世紀	戦国	1445		グーテンベルクが活版印刷機を発明		
		1492		コロンブスがアメリカ大陸を発見		
16世紀		1516		ポルトガル人のマゼランが世界一周		
		1517		マルティン・ルターが免罪符を批判＝宗教改革		
		1549		フランシスコ・ザビエルが薩摩に上陸		
	安土桃山	1585	羽柴秀吉関白となる			
		1562		奴隷船（アフリカからアメリカに黒人奴隷を輸送）		
17世紀		1600	関ヶ原の合戦	イギリス東インド会社設立		
		1602		オランダ東インド会社設立		
	江戸	1615	大阪夏の陣			
		1620		メイフラワー号（ピルグリム・ファーザーズ）		
		1637		オランダでチューリップバブル		
		1665		ニュートンの万有引力		
		1666		ペスト流行		
		1684	安井算哲の大和暦			
		1689	松尾芭蕉の「奥の細道」			
		1709		エイブラハム・ダービーのコークス製鉄法		
		1729	石田梅岩の心学			
		1733		ジョン・ケイが飛び杼を発明		

18世紀	江戸	1755		ポルトガル大震災		
		1756		フランソワー・ケネー（1694~1774）重農主義 アダム・スミス1759年「道徳感情論」		
		1770		産業革命始まる		
		1776		アダム・スミス「国富論」 アメリカ独立　ジェームズ・ワット蒸気機関発明		
		1785		エドモンド・カートライトの力織機発明、毛織物から綿織物へ		
		1789		フランス革命（自由、平等、博愛）	ワシントン（初代）	
19世紀		1804		蒸気機関車の発明		
		1807	喜多川歌麿　役者絵	ロバート・フルトンが蒸気船を発明（アメリカ）		
		1812		ラダイット運動（機械化に反発した労働者が機械を打ち壊した）		
		1828			民主党設立	
		1833	安藤広重　東海道五十三次			
		1834	葛飾北斎　富嶽三十六景			
		1840	渋沢栄一生誕	アヘン戦争（イギリスが中国に戦争を仕掛け植民地化した）		
		1844		モールス電信機を発明		
		1848		共産党宣言（マルクス1818~1883、エンゲルス）		
		1853	ペリーの黒船来航	クリミア戦争（~1856）		
		1854			共和党設立	
		1855	徳川幕府による長崎海軍			

世紀	時代	西暦	日本の出来事	海外の出来事	アメリカの大統領	政党
19世紀	江戸	1855	伝習所設立			
		1857	松下村塾(吉田松陰：高杉晋作、伊藤博文、山縣有朋)			
		1860	咸臨丸太平洋横断 艦長勝海舟	アメリカ南北戦争		
		1861	対馬事件(ロシアが対馬に上陸)	コナン・ドイル(1859生誕)	リンカーン(16代)	共和
		1862	生麦事件(薩摩藩士がイギリス人を殺傷) 龍馬脱藩	アメリカ奴隷制廃止		
		1863	薩英戦争、馬関戦争			
		1867	大政奉還	カール・マルクス「資本論」、パリ万博、アラスカ売渡		
	明治	1868	明治元年 鳥羽伏見の戦い			
		1871	岩倉使節団			
		1876	廃刀令、日曜日休土曜日半休	グラハム・ベル電話の発明		
		1877	西南の役	レオン・ワルラス「一般均衡論」		
		1879		エジソン白熱電球		
		1886	ノルマントン号事件	F・ゴルトン「優生学」		
		1890		アルフレッド・マーシャル「経済学原理」、シャーマン法(独禁法)		
		1893		コナン・ドイル「ホームズ最後の事件」		
		1894	日清戦争に勝利し台湾と			

		明治	朝鮮を領有			
1895		明治	三国干渉	三国干渉		
1901		明治			セオドア・ルーズベルト	共和
1904	20世紀	明治	日露戦争 バルティック艦隊をせん滅し日本が大勝利			
1908	20世紀	明治		T型フォード量産		
1911	20世紀	明治		フレデリック・テーラー「科学的管理法」（経営学の始まり）		
1914	20世紀	大正	第一次世界大戦	第一次世界大戦、スペイン風邪		
1922	20世紀	大正		ソビエト連邦成立 レーニン		
1923	20世紀	大正			クーリッジ	共和
1924	20世紀	大正		ソビエト連邦 スターリンの独裁		
1926	20世紀	昭和	昭和元年 日本の人口6千万人			
1929	20世紀	昭和		大恐慌 ＝ The Great Depression	フーヴァー（31代）	共和
1930	20世紀	昭和		リチャード・カーン「乗数理論」 メイヨーのホーソン実験		
1931	20世紀	昭和	渋沢栄一死去	フリードリヒ・ハイエク：シカゴ学派市場原理主義		
1932	20世紀	昭和	満州国建国	ウクライナのホロドモールで500万人が餓死		
1933	20世紀	昭和	国際連盟脱退	ジョン・メイナード・ケインズ、ルーズベルトのニューディール政策	フランクリン・ルーズベルト	民主
1936	20世紀	昭和	2・26事件	チャップリンの「モダンタイムス」		
1939	20世紀	昭和		ドイツ軍のポーランド侵攻、第二次世界大戦勃発		

世紀	時代	西暦	日本の出来事	海外の出来事	アメリカの大統領	政党
20世紀	昭和	1941	真珠湾攻撃	ドイツ軍のソ連侵攻		
		1945	第二次世界大戦 敗戦（8月）	ドイツ敗戦（5月）	トルーマン	民主
		1947		インド独立		
		1950	朝鮮戦争勃発	ミルトン・フリードマン 新自由主義、マネタリズム		
			360円／ドル			
		1953			アイゼンハワー	共和
		1960	所得倍増論			
		1961			ケネディ	民主
		1962	「流通革命」（問屋無用論）林周二			
		1963			ジョンソン	民主
		1964	東京オリンピック競技大会	アメリカ公民権法成立		
		1967	人口1億人			
		1969		アポロ月面着陸、文化大革命	ニクソン	共和
		1970	日本万国博覧会（大阪）			
		1971	世界貿易センタービル竣工			
		1972	あさま山荘事件、沖縄返還			
		1973	300円／ドル	第四次中東戦争、オイルショック		
		1974	高度経済成長の終焉		フォード	共和

アメリカ The Great Compressionの時代

世紀	元号	年	日本	世界	米大統領	政党
20世紀	昭和	1975	260円／ドル	ビル・ゲイツ Microsoft創業、ベトナム戦争終結		
		1976		スティーブ・ジョブズ Apple創業		
		1977			カーター	民主
		1979	ソニー ウォークマン発売			
		1980	東洋陶器 ウォシュレット発売			
		1981		レーガノミクス（小さな政府：自由化、規制緩和、民営化、減税）	レーガン	共和
		1985	プラネット創業 通信の自由化	プラザ合意		
		1987	バブル景気始まる 国鉄民営化 130円／ドル			
	平成	1989	平成元年 消費税導入 リクルート事件	天安門事件、ベルリンの壁崩壊 ワシントンコンセンサス（米財務省、IMF、世銀の共通認識）	ブッシュ	共和
		1991		ソビエト連邦崩壊（＝自由主義経済の勝利？）		
		1993	バブル景気崩壊		クリントン	民主
		1997	山一証券破綻			
21世紀		2001		9・11アメリカ同時多発テロ スティーブ・ジョブズiPod発売	ブッシュ	共和
		2002	クルーグマンが日本に提言	EU 共通通貨ユーロ導入		
		2006	ライブドア事件、 村上ファンド「会社は株主のもの」			

世紀	時代	西暦	日本の出来事	海外の出来事	アメリカの大統領	政党
21世紀	平成	2008	人口1·28億人をピークに減少始まる	リーマンショック		
		2009	民主党政権鳩山内閣		オバマ	民主
		2010	はやぶさ帰還	オバマケア、ハイチ大地震		
		2011	3·11東日本大震災	スティグリッツ「ウォール街を占拠せよ」		
		2012	野田内閣解散 80円/ドル			
		2013	安倍内閣のアベノミクス 120円/ドル	ピケティ「21世紀の資本」		
		2014		ロシアによるクリミアの併合		
		2015	外国人観光客2千万人			
		2016	日銀マイナス金利 オバマ大統領が広島訪問	北朝鮮核実験、パナマ文書、一人っ子政策終了		
		2017		トランプ大統領就任　ヨーロッパ難民問題	トランプ	共和
		2018	外国人観光客3千万人超え	ケルトン「MMT現代貨幣理論」		
		2019	令和元年、消費税10%、 首里城焼失	トランプ大統領パリ協定離脱		
		2020	新型コロナウイルス 東京2020オリンピック	新型コロナウイルス発生 イギリスのEU離脱、アメリカのWHO離脱		

21世紀				
令和				
	競技大会延期			
2021	オミクロン株 東京2020オリンピック 競技大会開催	中国の恒大集団が経営危機、米議事堂襲撃事件	バイデン（46代）	民主
2022	安倍晋三銃撃事件	ロシアのウクライナ侵攻		
2023	新型コロナウイルス収束、 世界貿易センタービル取壊し	猛暑、パレスチナ・ガザ地区で戦争、大谷翔平ホームラン王		
2024	元旦に能登半島地震			
2025	日本国際博覧会（大阪）			

書籍名	著者	出版社	内容
「ヒルビリー・エレジー」	J.D.ヴァンス	光文社	落ちこぼれた白人労働者はレッドネック、ホワイトトラッシュなどとさげすまれている。著者のヴァンスはトランプ大統領から副大統領候補に指名された
「MMT講義ノート」	島倉　原	白水社	世界で通用する通貨は、増刷してもインフレにならない
「MMT現代貨幣理論入門」	L・ランダル・レイ	東洋経済新報社	通貨を発行できる国の財政は破綻しない
「ポスト資本主義社会」	P.F.ドラッカー	ダイヤモンド社	グローバル化した大会社は課税の仕方が難しくなる
「道徳感情論」	アダム・スミス	講談社学術文庫	人が幸せな姿を見ると、心地よい感情が生まれる
「民族で読み解く世界史」	宇山　卓栄	日本実業出版	エル・ドラード（黄金郷伝説）がヨーロッパ人の欲望に火をつけた
「ジャパン・アズ・ナンバーワン」	エズラ・ボーゲル	CCCメディアハウス	日本経済はアメリに追いつくだろう
「中国4・0 暴発する中華帝国」	エドワード・ルトワック	文藝春秋／文春新書	中国は周辺に反中国を生み出してしまった
「格差の起源」	オデット・ガロー	NHK出版	発展途上国は識字率を上げて技術の継承が必要
「公教会祈祷文」	カトリック中央協議会	中央出版社	昭和33年初版　カトリックの教本
「申し訳ない、御社をつぶしたのはわたしです。」	カレン・フェラン	大和書房	コンサルタントの手練手管の本、クライアントのためになってなっていなかった
「バイアウト-企業買収」	幸田　真音	文芸春秋	モノ言う株主は下心を持っている
「文明の衝突」	サミエル・ハンチントン	集英社	日本の文明は特別
「一〇三歳になってわかったこと」	篠田　桃紅	幻冬舎	107歳で亡くなった篠田桃紅の作品は10倍に値上がりした
「銃・病原菌・鉄」	シャレード・ダイヤモンド	草思社	狩猟採集より栽培農業の方が多くの人口を養うことができる
「世界の格差をバラ撒いたグローバリズムを正す」	ジョセフ・スティグリッツ	徳間書房	グローバル化が広がると、99%の人が貧困になる

「不確実性の時代」	ジョン・ケネス・ガルブレイス	講談社／講談社学実文庫	数式が一切出てこない経済学の本
「大いなる失敗」	ズビグネフ・ブレジンスキー	飛鳥新書	共産主義計画経済は人類史上最大の失敗である
「ウォルマートに呑みこまれる世界」	チャールズ・フィッシュマン	ダイヤモンド社	エブリデイロープライスが世界を巻き込む
「資本主義の終焉」	デヴィッド・ハーヴェイ	集英社／集英社新書	「より速く、より遠く、より合理的に」は成り立たなくなった
「バンクーバー朝日軍」	テッド・Y・フルモト	東峰書房	戦前のカナダで活躍した日本人野球チームの感動物語
「21世紀の資本」	トマ・ピケティ	みすず書房	r＞gの時に貧富の格差が広がる
「経済学大図鑑」	ナイアル・キシテイニー他（若田部正澄監修）	三省堂	分厚い経済学史の大図鑑。「非自発的失業」は存在する（ピグー）
「ぼくはイエローでホワイトで、ちょっとブルー」	ブレイディ・みかこ	新潮社	イギリスの格差社会の中での日系少年の成長
「世界大不況からの脱出」	ポール・クルーグマン	早川書房	日本はインフレターゲットを設けるべきだ
「格差はつくられた」	ポール・クルーグマン	早川書房	新自由主義(Neo liberalism)が世界的格差をもたらした
「経済成長の起源」	マーク・コヤマ、ジャレード・ルービン	草想社	人類は200年前に生きていたどんな人より豊かになった
「これから『正義』の話をしよう」	マイケル・サンデル	早川新書	「マイケル・サンデルの白熱授業」で有名
「経済は感情で動く」	マッテオ・モッテルリーニ	紀伊国屋書店	人も企業も国家も、合理的に行動するとは限らない
「日本経済、どん底への転落」	水谷　研治	NTT出版	日本は、財政赤字、原料高、高齢化で転落する
「フリードマンの日本診断」	ミルトン・フリードマン	講談社	日本はケインズ流政策を代えるべき
「挑発的ニッポン革命論」	モーリー・ロバートソン	集英社	日本のリベラル派の恒久平和論はおとぎ話
「残業ゼロの人生力」	吉越　浩一郎	日本能率協会マネジメントセンター	ビジネスはゲームだ
「Humankind」	ルトガー・ブレイブマン	文藝春秋	人間が全ての生物の頂点に立ったのは協調性による
「人類はなぜ〈神〉を生み出したのか?」	レザー・アスラン	文藝春秋	ノアの方舟のような洪水伝説は世界各地に残っている

書籍名	著者	出版社	内容
「スーパーマーケットほど素敵な商売はない」	安土　敏（本名：荒井伸也）	ダイヤモンド社	映画「スーパーの女」の元となった本
「アマテラスの暗号」	伊勢谷　武	廣済堂出版	〝アメリカが押しつけた民主主義とはそんなに優れたものなのか〟〝理性を信じ切った人間の浅はかな驕り〟
「大変化」	伊藤　元重	講談社	人口減少でも技術革新があれば成長できる
「日本永代蔵」	井原　西鶴	講談社学術文庫	商売で成功し分限者になったたくさんの事例紹介
「経済学の考え方」	宇沢　弘文	岩波新書	近代経済学の変遷を解説
「経済学は人びとを幸福にできるのか」	宇沢　弘文	東洋経済新報社	十分な教育と情報を持たない人も競争に巻き込んでいる
「バブル」	永野　健二	新潮社	バブル崩壊は第二の敗戦
「未来の年表」	河合　雅司	講談社現代新書	日本人の人口は２０５３年に１億人を下回る
「日本人と雑草」	梶田　正巳	新曜社	日本の草木の圧倒的多様性
「一神教が戦争を起こす理由」	関野　通夫	ハート出版	アメリカのピューリタンの西部開拓は天命だった
「『公益』資本主義」	原　丈人	文春新書	株主至上主義、市場原理主義を批判。
「増補　21世紀の国富論」	原　丈人	平凡社	ストックオプションは経営者が短期的に株価を上げる動機づけとなる
「アメリカの大型店舗問題」	原　英生	有斐閣	巨大小売店は貧困ビジネス、ウォルマートは多様性を失わせている
「明治維新という過ち」	原田　伊織	毎日ワンズ	維新の動乱で多くの有為な人材を失った。攘夷の思い込みが禍根を残した。
「官賊と幕臣たち」	原田　伊織	毎日ワンズ	幕末の暗殺リスト、尊王攘夷は方便だった
「経済学の犯罪」	佐伯　啓思	講談社現代新書	あくまでも成長を求めると、地球の資源は枯渇する
「経済成長主義への決別」	佐伯　啓思	新潮新書	科学っぽく見せるための数学的粉飾
「崩壊する世界、繁栄する日本」	三橋　貴明	扶桑社	日本は輸出依存国家ではない

「渋沢栄一　日本の経営哲学を確立した男」	山本　七平	さくら舎	条件反射的な日本のマスコミを信用するなかれ
「なぜ日本は変われないのか」	山本　七平	さくら舎	日本人の組織は家族、存続することが目的になってしまう
「戦略をつくる力」	若松　孝彦	ダイヤモンド社	一番重要なのは会社の存在理由と経営理念
「マルクスが日本に生まれていたら」	出光　佐三	春秋社	欧米はモノの国、日本は人の国
「日本人のための経済原論」	小室　直樹	東洋経済新報社	経済学を易しく解説をした分厚い本
「「帝国」ロシアの地政学」	小泉　悠	東京堂出版	日本はアメリカに依存しているため主権国家ではない、とロシアは見ている
「増税地獄」	森永　卓郎	KADOKAWA／角川新書	日本の国民負担（税と社会保障料）は48％
「強欲資本主義　ウォール街の自爆」	神谷　秀樹	文芸春秋／文春新書	金融資本主義は、やがて実体経済を喰い尽くし自爆するだろう
「資本主義の中心で、資本主義を変える」	清水　大吾	News Picksパブリッシング	〝自分だけ、今だけ〟という金融資本主義
「日本の起業家　中内功」	石井　淳蔵	PHP研究所	安売り哲学を貫いた中内功の経営哲学
「ダーウィンの呪い」	千葉　聡	講談社現代新書	進化論は成長神話の源
「デフレの正体」	藻谷　浩介	KADOKAWA	日本の需要不足は高齢化のため？
「日本文明、世界最強の秘密」	増田　悦佐	PHP研究所	日本はGDP当たりのエネルギー消費量が群を抜いて少ない
「さらばアメリカ」	大前　研一	小学館	アメリカのマスコミの劣化が心配
「資本主義はなぜ自壊したのか」	中谷　巌	集英社インターナショナル	新自由主義には問題があったとする懺悔の書
「安いニッポン　「価格」が示す停滞」	中藤　玲	日本経済新聞出版	給料を上げてくれと言う日本人はいない
「株高・資源高に向かう　世界経済」	朝倉　慶	ビジネス社	日本人は、NISA等を利用して株取引を増やすべき。
「経済戦勝国　日本の底力」	長谷川　慶太郎	出版文化社	日本の成長力を侮るなかれ
「中国は民主化する」	長谷川　慶太郎	SBクリエイティブ	長谷川慶太郎最後の本、デフレは平和の時の現象である

書籍名	著者	出版社	内容
「いい会社をつくりましょう」	塚越　寛	文屋	“もし労働組合をつくるなら、私が委員長だ”
「無印ニッポン」	堤　清二・三浦　展	中央公論新社	安売り哲学は、全員が国民服を着ることにつながる
「沈みゆく大国アメリカ」	堤　未果	集英社／集英社新書	日本のような国民皆保険を目指したオバマケア―はゆがめられた
「爆買いの正体」	鄭　世彬	飛鳥新社	外国人観光客のための商品やサービスを作らないで欲しい。日本人が作った日本人のための商品とサービス、それが外国人にとって憧れなのである
「世界インフレの謎」	渡辺　勉	講談社／講談社現代新書	ウクライナ戦争よりもパンデミックの影響が大きい
「田舎のパン屋が見つけた腐る経済」	渡邉　格	講談社	通貨は腐ったほうがいい
「日本破綻」	藤巻　健史	講談社／講談社現代新書	いずれ国債の金利が高騰し、ハイパーインフレとなる？
「悪魔のサイクル―ネオリベラリズム循環」	内橋　克人	文藝春秋	ネオリベラリズムの台頭が様々な弊害をもたらした
「みずほ銀行システム統合、苦闘の19年史」	日本経済新聞社取材部	日経ＢＰ	三銀行合併の三つ巴の葛藤
「海賊と呼ばれた男」	百田　尚樹	講談社／講談社文庫	出光佐三の物語、「欧米はモノの国、日本は人の国」
「アメリカは日本経済の復活を知っている」	浜田　宏一	講談社	アベノミクスを支えた経済論理
「何のために働くのか」	北尾　吉孝	致知出版社	不条理に憤りを感じつつ努力をすべき
「戦略の本質」	野中　郁次郎　他	日経ＢＰマーケティング（日本経済新聞出版）	日露戦争の勝利が、その後の驕りにつながり、失敗に至った
「経済学の世界」	矢沢　潔	ワン・パブリッシング	良く分かる経済学史の本
「流通革命」	林　周二	中公新書	問屋はいずれなくなる　問屋無用論の本
「天地明察（上・下巻）」	冲方　丁	角川文庫（角川パブリッシング）	算額が掲げられている金王八幡宮から物語が始まる和算がテーマの小説
「ラストワンマイル」	楡　周平	新潮社	企業の買収の物語、最後に勝つのは？

「『いいね!』が社会を破壊する」	楡　周平	新潮社／新潮新書	コダックの社員だった楡は、コダックの破綻について語っている
「メーカーが書けなかったＯＡの本」	玉生　弘昌	産業能率大学出版部	１９８０年代ワードプロセッサーがオフィスを変える
「流通VANの戦略」	玉生　弘昌	産業能率大学出版部	BtoBも共同利用のネットワークが必要
「流通ネットワーク21世紀のミッション」	玉生　弘昌	ビジネス社	問屋有用論　数学的証明
「なぜ日本企業のシステムは遅れているのか」	玉生　弘昌	日本能率協会マネジメントセンター	レガシーマシンが革新の障害になっている
「これが世界に誇る日本の流通ネットワークの実力だ」	玉生　弘昌	国際商業出版	卸売業の存在が日本の流通の多様性と品質の良さを保っている

【著者】
玉生弘昌（たまにゅう ひろまさ）

【略 歴】
埼玉県立浦和高等学校卒業
早稲田大学政治経済学部卒業
1968年 ライオン油脂株式会社（現:ライオン株式会社）入社。
マーケティング部、総合管理部、システム開発部にて勤務。
1985年 株式会社プラネットを創業し常務取締役
1993年 代表取締役社長
2012年 代表取締役会長
経済産業省「情報技術と経営戦略会議」委員など

【役 職】
株式会社プラネット 名誉会長（2024年10月24日より）
一般社団法人流通問題研究協会 会長
一般社団法人日本ボランタリーチェーン協会 理事
公益財団法人日本ヘルスケア協会 理事
株式会社True Data 社外取締役
事業創造大学院大学 客員教授
株式会社アイスタイル（@cosme）顧問
共創塾 塾長
一般社団法人 DeruQui 理事
株式会社ギャラリー桜の木 顧問
公益財団法人共進会奨学財団 選考委員

【著 書】
『メーカーが書けなかったＯＡの本』（産業能率大学出版部）
『流通ＶＡＮの戦略』（産業能率大学出版部）
『流通ネットワーク 21世紀のミッション』（ビジネス社）
『なぜ日本企業の情報システムは遅れているのか』
（日本能率協会マネジメントセンター）
『問屋無用論から半世紀 これが世界に誇る日本の流通インフラの実力だ』
（国際商業出版）
『人生を豊かにする出会いの作り方 私の縁』（国際商業出版）

経営者のための経済学史

経済学の本質を理解して、経営判断に活かす

2024年10月8日　第一刷発行

著者　玉生 弘昌

発行　ダイヤモンド・ビジネス企画
〒150-0002
東京都渋谷区渋谷1丁目6-10 渋谷Qビル3階
http://www.diamond-biz.co.jp/
電話 03-6743-0665（代表）

発売　ダイヤモンド社
〒150-8409
東京都渋谷区神宮前6-12-17
http://www.diamond.co.jp/
電話 03-5778-7240（販売）

編集制作　岡田晴彦
装丁　オーウエイヴ
本文デザイン・DTP　オーウエイヴ
印刷・製本　シナノパブリッシングプレス

ISBN 978-4-478-08512-7